PRECEDENTES ADMINISTRATIVOS NO DIREITO BRASILEIRO

CONTRACORRENTE

GUSTAVO MARINHO DE CARVALHO

PRECEDENTES ADMINISTRATIVOS NO DIREITO BRASILEIRO

São Paulo

2015

CONTRACORRENTE

Copyright © **EDITORA CONTRACORRENTE**
Rua Dr. Cândido Espinheira, 560 | 3º andar
São Paulo – SP – Brasil | CEP 05004 000
www.editoracontracorrente.com.br
contato@editoracontracorrente.com.br

Editores

Camila Almeida Janela Valim
Gustavo Marinho de Carvalho
Rafael Valim

Conselho Editorial

Augusto Neves Dal Pozzo
(Pontifícia Universidade Católica de São Paulo – PUC/SP)

Daniel Wunder Hachem
(Universidade Federal do Paraná - UFPR)

Emerson Gabardo
(Universidade Federal do Paraná - UFPR)

Gilberto Bercovici
(Universidade de São Paulo - USP)

Heleno Taveira Torres
(Universidade de São Paulo - USP)

Jaime Rodríguez-Arana Muñoz
(Universidade de La Coruña – Espanha)

Pablo Ángel Gutiérrez Colantuono
(Universidade Nacional de Comahue – Argentina)

Pedro Serrano
(Pontifícia Universidade Católica de São Paulo – PUC/SP)

Silvio Luís Ferreira da Rocha
(Pontifícia Universidade Católica de São Paulo – PUC/SP)

Equipe editorial

Cristina Freitas (revisão)
Denise Dearo (design gráfico)
Mariela Santos Valim (capa)

**Dados Internacionais de Catalogação na Publicação (CIP)
(Câmara Brasileira do Livro, SP, Brasil)**

C3313   Carvalho, Gustavo Marinho de.
           Precedentes Administrativos no Direito Brasileiro | Gustavo Marinho de Carvalho – São Paulo, Editora Contracorrente, 2015.

           ISBN: 978-85-69220-00-8

           Inclui bibliografia

           1. Direito. 2. Precedentes. 3. Precedentes administrativos no Direito Brasileiro.
           I. Título.

CDU - 342.9

Impresso no Brasil
Printed in Brazil

*Aos meus pais, Clóvis e Tânia,
à minha irmã Juliana, e à minha querida Gisele*

AGRADECIMENTOS

Não é fácil exteriorizar publicamente em palavras o sentimento de gratidão que toma conta da minha alma neste momento.

Sentimento este que não se restringe às pessoas que nomearei logo mais. Devo estendê-la também à Pontifícia Universidade Católica de São Paulo, que tão bem me acolhe desde o início das minhas aulas na graduação. Ter construído a minha carreira acadêmica nesta instituição é, sem dúvida alguma, um motivo de orgulho para mim.

Outra dificuldade em agradecimentos é se olvidar de alguém que direta ou indiretamente contribuiu para que este trabalho pudesse ter sido realizado. Mas assumirei este risco, desculpando-me desde já por eventual esquecimento.

Agradeço aos meus queridos pais, CLÓVIS e TÂNIA, por todo o amor, dedicação, paciência, incentivo e confiança desde o meu primeiro dia de vida. Sem vocês, eu não teria alcançado este objetivo. Muito obrigado por tudo, vocês são o meu maior exemplo de vida.

À minha irmã JULIANA, companheira inestimável, que sempre me incentivou nos momentos mais difíceis de minha vida e que se revela hoje um exemplo de empenho e retidão.

Aos meus avós, CLETO MARINHO DE CARVALHO (*in memoriam*), IDATY MARINHO DE CARVALHO, LUVERCY PUCCI (*in memoriam*), JEANNETE CARITTE

Pucci (*in memoriam*), todos fundamentais para a minha formação, exemplos de ternura, responsabilidade e respeito ao próximo.

Aos meus tios e tias Cleto, Nelson, Sérgio, Marta, Vera, Flávia, Valéria e Lory, que sempre me apoiaram.

Aos meus primos Adriana, Alexandre, Cinthia, Alessandro, Luciano e Cristiane, com quem vivi e vivo momentos inesquecíveis.

À minha querida Gisele, doce companheira, que soube compreender meus momentos de solidão e ausência. Muito obrigado pelo incentivo, pelo carinho e por todo o apoio que me dá desde o dia em que nos conhecemos.

A todos os meus amigos de faculdade, aqui representados por Carlos Eduardo Galhardi Di Tommaso, Camila Valim, Guilherme Luna, e Rafael Valim. Ao Rafael, agradeço especialmente por todo apoio, incentivo, dicas, pelas inúmeras conversas que tivemos ao longo destes últimos anos, além da leitura atenta e crítica deste trabalho.

Aos amigos de colégio, Eduardo, Luís Fernando e Luciano.

Aos amigos de mestrado, Flávia Cammarosano, Luiz Fernando Prudente do Amaral, Mário José Corteze e Tônia Chalu, pelo companheirismo, dentro e fora do ambiente acadêmico, e pelas profícuas discussões.

Aos amigos, Angélica Petian, Augusto Nevez Dal Pozzo, Bruno Aurélio, Eduardo Pereira de Souza, João Negrini Neto e Percival José Bariani Junior, com quem não tive a honra de dividir os bancos acadêmicos, mas que muito me auxiliaram nesta empreitada.

À professora Odete Novaes Carneiro, minha primeira orientadora em um trabalho científico.

Aos professores José Roberto Pimenta Oliveira, Sílvio Luís Ferreira da Rocha, Márcio Cammarosano, Clóvis Beznos, Maurício Zockun, Carolina Zockun e Ricardo Martins Marcondes, pelos ensinamentos e estímulos ao longo destes anos.

Ao professor Celso Antônio Bandeira de Mello, de quem fui aluno na graduação e que foi decisivo para a minha inclinação pelo Direito Administrativo.

Ao professor Augusto Durán Martínez, que além de me receber gentilmente em seu escritório em Montevideo, aceitou participar de minha banca de mestrado.

Finalmente, à professora Dinorá Adelaide Musetti Grotti, pela orientação que pacientemente me dispensou ao longo desta empreitada. A professora Dinorá, além de sua notória competência, é uma pessoa extremamente atenciosa, gentil, exemplo de dedicação aos seus alunos e uma incansável incentivadora. Agradeço muito todo o seu apoio.

"O direito nunca se deve adaptar à política, mas
a política é que sempre se deve ajustar ao direito"
(Kant, *Sobre um suposto Direito de Mentir por amor à Humanidade*)

"Os que não estão dispostos a expor suas ideias à aventura
da refutação não tomam parte no jogo da ciência"
(Karl Popper, *Lógica da pesquisa científica*)

SUMÁRIO

AGRADECIMENTOS 7
PREFÁCIO 17
APRESENTAÇÃO 21
INTRODUÇÃO 27

1 OS DOIS PRINCIPAIS SISTEMAS JURÍDICOS OCIDENTAIS E OS PRECEDENTES JUDICIAIS 33

   1.1 O CONTEXTO HISTÓRICO E POLÍTICO DA FAMÍLIA ROMANISTA E DA *COMMON LAW* 35

   1.2 FAMÍLIA ROMANISTA 37

   1.3 FAMÍLIA DA *COMMON LAW* 46

      1.3.1 Os precedentes judiciais na *common law* e a consequência lógica de seu uso: *stare decisis et non quieta movere* 57

      1.3.2 A superação de precedentes na *common law* 62

      1.3.3 A técnica das distinções de precedentes na *common law* 70

2 OS PRECEDENTES JUDICIAIS NA FAMÍLIA ROMANISTA 73

2.1 PRECEDENTES JUDICIAIS NA FAMÍLIA ROMANISTA 73

2.2 INTERPRETAÇÃO E APLICAÇÃO DA LEI E OS PRECEDENTES JUDICIAIS 77

    2.2.1 Princípios jurídicos 82

    2.2.2 Conceitos jurídicos indeterminados.......................... 89

    2.2.3 Cláusulas gerais 92

2.3 A NECESSIDADE DE MAIOR CELERIDADE PROCESSUAL E OS PRECEDENTES JUDICIAIS 95

2.4 OS PRECEDENTES JUDICIAIS NO DIREITO BRASILEIRO 97

    2.4.1 Julgamento monocrático do relator com base em precedentes 102

    2.4.2 Repercussão Geral 104

    2.4.3 Súmula vinculante... 107

3 DOS PRECEDENTES JUDICIAIS AOS PRECEDENTES ADMINISTRATIVOS 111

4 PRECEDENTES ADMINISTRATIVOS NO DIREITO ADMINISTRATIVO BRASILEIRO 115

4.1 PRELIMINARMENTE: HETEROVINCULAÇÃO E AUTOVINCULAÇÃO 115

4.2 CONCEITO DE PRECEDENTES ADMINISTRATIVOS 119

4.3 FIGURAS PRÓXIMAS AOS PRECEDENTES ADMINISTRATIVOS: COSTUME, PRÁTICA ADMINISTRATIVA, ATOS PRÓPRIOS E ANALOGIA 125

    4.3.1 Costume... 125

    4.3.2 Práticas administrativas.. 127

    4.3.3 Atos próprios 128

    4.3.4 Analogia 130

4.4 OS FUNDAMENTOS PARA A EFICÁCIA VINCULANTE DOS PRECEDENTES ADMINISTRATIVOS NO DIREITO ADMINISTRATIVO BRASILEIRO 131

    4.4.1 Os princípios jurídicos que fundamentam o efeito vinculante dos precedentes administrativos 132

        4.4.1.1 Princípio da Igualdade.................................. 132

        4.4.1.2 Princípio da Segurança Jurídica 135

        4.4.1.3 Princípio da Boa-fé 138

        4.4.1.4 Princípio da Eficiência................................... 140

    4.4.2 As regras que servem de fundamento aos precedentes administrativos 142

        4.4.2.1 O artigo 2º, parágrafo único, inciso XIII, da Lei de Processo Administrativo Federal............ 142

        4.4.2.2 O artigo 50, inciso VII, da Lei de Processo Administrativo Federal 145

    4.4.3 O aparente embate entre o princípio da legalidade e os precedentes administrativos 148

4.5 PRESSUPOSTOS PARA A APLICAÇÃO DOS PRECEDENTES ADMINISTRATIVOS.. 149

    4.5.1 Identidade subjetiva da Administração Pública 149

    4.5.2 Identidade objetiva essencial.. 152

    4.5.3 Identidade das normas jurídicas superiores incidentes..... 154

    4.5.4 Legalidade do ato administrativo originário................. 154

    4.5.5 A reiteração como pressuposto para a aplicação precedente administrativo... 157

4.6 PRECEDENTES ADMINISTRATIVOS E DISCRICIONARIEDADE E VINCULAÇÃO ADMINISTRATIVA......... 158

4.7 PRECEDENTES ADMINISTRATIVOS, PROCESSO ADMINISTRATIVO E ATOS AMPLIATIVOS E RESTRITIVOS DE DIREITOS... 163

5 CONSEQUÊNCIAS DA INOBSERVÂNCIA DOS PRECEDENTES ADMINISTRATIVOS E A SUA SUPERAÇÃO......... 171

5.1 CONSEQUÊNCIAS DA INOBSERVÂNCIA DOS PRECEDENTES ADMINISTRATIVOS... 171

5.1.1 Invalidação do ato administrativo contrário ao precedente e observância do precedente incidente 172

5.1.2 Indenização pelos prejuízos causados ao administrado 173

5.2 SUPERAÇÃO DOS PRECEDENTES E SUA EFICÁCIA TEMPORAL... 174

5.2.1 Dever de motivar suficientemente a superação do precedente administrativo... 174

5.2.2 A projeção eficacial da superação dos precedentes administrativos e a sua publicidade 177

5.3 DIFERENÇA ENTRE SUPERAÇÃO DE PRECEDENTES E DISTINÇÃO DE PRECEDENTES.................................. 179

6 AS VANTAGENS EM SE UTILIZAR OS PRECEDENTES ADMINISTRATIVOS E A SUA OPERATIVIDADE 181

6.1 VANTAGENS EM SE UTILIZAR OS PRECEDENTES ADMINISTRATIVOS.. 181

6.2 OPERATIVIDADE DOS PRECEDENTES ADMINISTRATIVOS 183

CONCLUSÕES 187

REFERÊNCIAS BIBLIOGRÁFICAS 195

PREFÁCIO

Precedentes administrativos, tema de fundamental importância, não logrou despertar na literatura jurídica pátria estudos aprofundados, nem uma análise percuciente.

Gustavo Marinho de Carvalho, na sua dissertação de mestrado intitulada *Precedentes administrativos no direito brasileiro*, hoje transformada em livro, enfrenta, com muita proficiência, este importante tema, inçado de dificuldades, que tem despertado pouca atenção de nossos doutrinadores.

Por outro lado, o assunto é inegavelmente atual, tendo em vista a preocupação generalizada de se buscar maior proteção aos cidadãos através deste valioso instrumento à disposição dos administrados, antevendo, com maior precisão, o comportamento da Administração Pública diante de determinadas situações.

Tive a satisfação de acompanhar a trajetória do Autor na construção deste trabalho, ainda no curso de Mestrado na Faculdade de Direito da Pontifícia Universidade Católica de São Paulo, no qual tive a honra de ser sua professora na disciplina "função administrativa e ato administrativo". Nesse período pude verificar que estava diante de um aluno com clara aptidão para a investigação científica, dedicado e brilhante, destacando-se pela agudeza de raciocínio e pela pertinência das intervenções e questionamentos feitos nas aulas.

O presente trabalho revela seriedade, pesquisa, reflexão e cuidado. Dotado de boa densidade jurídica, não se furta ao exame de questões difíceis e polêmicas (conceito, natureza jurídica, figuras próximas), fazendo uma análise crítica, apresentando sugestões, propondo soluções, assumindo posições.

O Autor desenvolve o trabalho em seis capítulos, após traçar um panorama introdutório em que contextualiza o objeto de seus estudos. Partindo da análise dos sistemas jurídicos ocidentais (*common law* e romanista), busca, no primeiro capítulo, esclarecer o funcionamento dos precedentes na família da *common law* para, depois, no segundo capítulo, verificar a existência de alguma incompatibilidade na utilização dos precedentes judiciais em países filiados ao sistema romanista, estendendo a sua análise à aplicação dos precedentes judiciais no Brasil.

Na sequência, adentra na análise da possibilidade do uso dos precedentes no exercício da função administrativa, enfocando, no quarto capítulo, os precedentes administrativos no Direito brasileiro, ocupando-se, primeiramente, da distinção entre heterovinculação e autovinculação administrativa, para, posteriormente, formular o seu próprio conceito de precedentes administrativos e apresentar os fundamentos e os pressupostos para a sua aplicação. Aborda, ainda, sua utilização no exercício da competência discricionária e vinculada, sua relação com o processo administrativo, bem como a possibilidade de sua formação em atos ampliativos e restritivos da esfera jurídica dos administrados.

O quinto capítulo é dedicado ao estudo dos efeitos da inobservância dos precedentes administrativos e os mecanismos pelos quais estes podem ser afastados.

A seguir são tecidas considerações sobre a relevância dos precedentes administrativos e a sua operatividade e, por derradeiro, são apresentadas as conclusões.

Embasado em um plano bem estruturado e dotado dos atributos de coerência, linearidade e coesão doutrinárias, Gustavo Marinho de Carvalho desenvolveu um excelente trabalho, onde, alicerçado em consistente pesquisa bibliográfica, os temas mencionados são abordados com bastante clareza e profundidade.

PRECEDENTES ADMINISTRATIVOS NO DIREITO BRASILEIRO

A presente obra atesta a capacidade intelectual do Autor ao assumir o difícil encargo de analisar os Precedentes Administrativos no direito brasileiro com o mais pleno sucesso. Foi com ela que conquistou com brilho seu merecido título de Mestre em Direito, na Faculdade de Direito da Pontifícia Universidade Católica de São Paulo, na área de concentração em Direito Administrativo, tendo sido aprovado com a nota máxima, por decisão unânime da banca examinadora composta, na ocasião, por esta subscritora e pelos professores Augusto Durán Martinez, da Universidade da República do Uruguai e José Roberto Pimenta Oliveira, da PUC/SP, conferindo a esta monografia o grau de indispensabilidade de sua consulta pelos estudiosos do Direito Administrativo.

Dinorá Adelaide Musetti Grotti

Professora de Direito Administrativo da Faculdade de Direito da Pontifícia Universidade Católica de São Paulo – PUC-SP

APRESENTAÇÃO

I

1. Es con sumo placer que presento este libro titulado *Precedentes Administrativos no direito brasileiro*, de Gustavo Marinho de Carvalho.

2. Esta obra fue la tesis con la que su autor, luego de cumplir todas las exigencias curriculares, obtuvo su título de Master en Derecho, con énfasis en Derecho Administrativo, en la Pontificia Universidad Católica de San Pablo (PUC-SP).

3. Tuve el privilegio de integrar el tribunal examinador (*Banca Examindora*) que la juzgó así como la defensa de tesis efectuada por Marinho de Carvalho. Privilegio por la calidad de los demás integrantes, los distinguidos Profesores Dinorá Adelaide Musetti Grotti, que la presidió, y José Roberto Pimenta Oliveira. Y privilegio, además, por la calidad de la obra y por la excelencia de la defensa efectuada por el *maestrando* que, con gran rigor jurídico, defendió sus puntos de vista y contestó todas las preguntas formuladas por el Tribunal.

Concluida la prueba, pocos minutos bastaron al Tribunal para otorgar a Gustavo Marinho De Carvalho la nota de Sobresaliente por unanimidad.

II

1. La redacción del libro es sobria, concisa, no hay palabras de más. Su estilo es claro, sin sacrificar profundidad. Se lee fluidamente, es didáctico y sugerente.

2. La bibliografía empleada, prolijamente indicada al final, es excelente y actualizada. No se limita a Brasil, por cierto, sino que son frecuentes las citas de autores del resto de América y de Europa. El esfuerzo en la búsqueda de material es encomiable. Esto es especialmente valioso en un tema como este en que la bibliografía es escasa.

3. El empleo de esa bibliografía es impecable. Cada afirmación en el texto tiene su correspondiente apoyatura bibliográfica, con precisas notas al pie de página donde revela sus fuentes.

Con esto demuestra el autor gran honestidad intelectual así como rigor científico, puesto que no sigue servilmente a los autores citados; recoge sus ideas cuando las comparte o se aparta de ellas cuando piensa diferente. Sabe así Marinho aprovechar las investigaciones de quienes lo precedieron y hasta las supera en muchas ocasiones. Así se hace ciencia.

4. La estructura de la obra es adecuada para una tesis. El tema, con rigor metodológico, se desarrolla en seis capítulos precedidos por una introducción y seguidos por una conclusión: 1) Los dos principales sistemas jurídicos occidentales y los precedentes judiciales; 2) Los precedentes judiciales en las familias romanistas; 3) De los precedentes judiciales a los precedentes administrativos; 4) Precedentes administrativos en el derecho administrativo brasileño; 5) Consecuencias de la inobservancia de los precedentes administrativos y su superación; 6) Las ventajas de utilizar los precedentes administrativos y su operatividad.

Las conclusiones configuran una síntesis magistral del pensamiento del autor.

III

1. No es mi propósito efectuar un resumen de esta obra, pero no puedo dejar de señalar algunos aspectos especialmente destacables.

2. Comienza con un breve pero certero análisis de los dos grandes sistemas jurídicos del mundo occidental, el romanista (*civil law*) y el del *common law*, así como de los precedentes judiciales.

No creo que sea necesario aceptar el sistema de precedentes judiciales para admitir la fuerza vinculante de los precedentes administrativos. Pero sí resulta muy útil conocer el régimen jurídico de los precedentes judiciales en el mundo anglosajón, conocer las diferencias que existen con relación a los sistemas romanistas – como lo son los de nuestros países iberoamericanos –, advertir la influencia recíproca que aparece entre esos dos grandes sistemas en los últimos tiempos. Y es bueno además conocer todo eso para poder ser cuidadosos a fin de no incurrir en novelerías perniciosas y evitar traslados imposibles por razones culturales.

3. El tratamiento de los precedentes administrativos es, obviamente, lo más valioso de este trabajo.

4. El precedente administrativo fue en un principio, y durante mucho tiempo, absolutamente ignorado en doctrina. Luego comenzó a estudiarse junto con la costumbre y prácticas administrativas, sin asignársele relevancia jurídica. Posteriormente se admitió su relevancia jurídica, pero se le negó su condición de fuente de derecho. Hoy en día, un sector todavía minoritario considera que los precedentes administrativos constituyen verdadera fuente de derecho.

En esta línea de vanguardia se encuentra, precisamente, Marinho de Carvalho. Comparto plenamente esta orientación; es más, con anterioridad escribí en ese sentido.[1]

5. Define al precedente administrativo como la norma jurídica extraída por inducción de un acto administrativo individual y concreto, de tipo decisorio, ampliativo o restrictivo de la esfera jurídica de los administrados y que vincula el comportamiento de la Administración para todos los casos posteriores y sustancialmente similares. Y, enseguida, explica que son normas jurídicas porque establecen algo que debe ser o suceder y su inobservancia genera consecuencias jurídicas controlables, incluso, por el Poder Judicial.

---

[1] DURÁN MARTÍNEZ, A., *El precedente administrativo*, en RODRÍGUEZ ARANA-MUÑOZ, J./ SENDÍN GARCÍA, M.A./ PÉREZ HUALDE, A./ FARRANDO, I./ COMADIRA, J.P. (Coordinadores), *Fuente del Derecho Administrativo. (Tratados internacionales, contratos como reglas de derecho, jurisprudencia, doctrina y precedente administrativo)*. IX Foro Iberoamericano de Derecho Administrativo, 2010, Mendoza, Argentina. Ediciones RAP. Buenos Aires, 2010, p. 679, y s.; y, posteriormente, en versión algo ampliada, en DURÁN MARTÍNEZ, A., *Neoconstitucionalismo y Derecho Administrativo*. LA LEY Uruguay. Buenos Aires, 2012, p. 49, y s.

Es la mejor definición que he leído de precedente administrativo; no conozco otra de mayor precisión y rigor técnico.

6. Como se ha dicho, considera al precedente administrativo fuente de derecho. Y, correctamente, funda su posición en base a los principios de igualdad, seguridad jurídica, buena fe y eficiencia, término este último que comprende la eficacia; principios que fundan la fuerza vinculante del precedente pero no se confunden con él.

También extrae la fuerza vinculante del precedente administrativo en dos textos de derecho positivo brasileño: el artículo 2º, parágrafo único, inciso XIII, y el artículo 50, inciso VI, de la Ley de Proceso Administrativo Federal.

Esa apoyatura de derecho positivo es correcta y sirve para confirmar su tesis, pero aun sin ella se puede afirmar la fuerza vinculante del precedente administrativo en virtud de los principios que la fundan. Por eso, la utilidad de este trabajo trasciende el derecho brasileño, puesto que la idea esencial del mismo puede sostenerse en otros países sin esos textos de derecho positivo.

7. Con gran rigor el autor indica los presupuestos para la aplicación de los precedentes administrativos: a) identidad subjetiva de la Administración Pública; b) identidad objetiva esencial; c) identidad de las reglas de derecho superiores incidentes; d) legitimidad del acto administrativo del cual se induce el precedente. Y esto último, con acierto, es relativizado, al admitir en ciertos casos excepcionalísimos la posibilidad de extraer un precedente de un acto ilegítimo.

8. Por ser el precedente administrativo fuente de derecho, su inobservancia tiene consecuencias jurídicas: afecta la legitimidad de los actos administrativos que se apartan de él. Esa ilegitimidad puede, según los casos, provocar la nulidad del acto y, en caso de producir daño, comprometer la responsabilidad del Estado.

9. De particular interés me parece la parte destinada al estudio de la superación de los precedentes.

En este punto son de especial importancia los aportes efectuados en los sistemas del *common law* respecto al *overruling* y las distinciones (*distinguishing*).

10. Como toda fuente jurídica creada por el hombre, los precedentes administrativos no son eternos, pueden ser extinguidos y sustituidos por otros precedentes. Es lo que se denomina *superación (overruling)*.

La superación es posible, dice Marinho, porque ese precedente puede no ser compatible con una nueva legislación o porque deja de ser compatible con los nuevos valores que imperan en la sociedad. O porque, luego de emitido el acto del cual emana, se advierte que el mismo se originó por interpretaciones equivocadas de normas jurídicas o por apreciaciones precipitadas sobre los hechos.

Coincido en que en todos estos casos es posible el cambio de precedente. Pero no son iguales todos los casos. En efecto, en unos, el precedente se ha ya extinguido por decaimiento; en consecuencia, el nuevo acto que lo sustituye certifica su extinción, sin perjuicio de crear otro nuevo. En otros casos, sí se produce una verdadera extinción del precedente.

Todas estas hipótesis exigen una adecuada motivación, como bien lo indica Marinho.

He entendido por motivación "la justificación del acto administrativo efectuada con la expresión de los motivos determinantes y la finalidad perseguida, de manera que se pueda entender la decisión como correcta o aceptable."[2]

Es decir, no basta una explicación sino una argumentación. Por eso correctamente Marinho exige para la superación de un precedente una alta carga argumentativa. Pero esa carga argumentativa no es un mero ejercicio intelectual, y esto lo tiene muy claro Marinho, sino que tiene que partir de la realidad. Esa realidad es la que impone la superación del precedente y eso es lo que hay que justificar muy bien con la motivación.

11. La distinción no es en realidad una superación del precedente, sino la comprobación de que las situaciones no son sustancialmente iguales. En consecuencia, si no son sustancialmente iguales no hay precedente. Por supuesto que también en este caso se requiere una adecuada motivación para demostrar que no hay precedente aplicable.

---

[2] DURÁN MARTÍNEZ, A., *Motivación del acto administrativo y buena administración*, en DURÁN MARTÍNEZ, A./ HANNA de ROSA, M. (Coordinadores). *Ética. Estado de Derecho. Buena Administración*. Universidad Católica del Uruguay, Montevideo, 2013, p. 136.

12. Por último, deseo efectuar un breve comentario a las ventajas del empleo de los precedentes administrativos.

El Derecho no es una ciencia teórica sino práctica. En el ámbito jurídico, no conocemos por el conocimiento mismo sino que conocemos para actuar.

Consciente de esto, Marinho no se limitó a los aspectos ónticos del precedente administrativo, su fundamento y su telos, sino también, con el nombre de *ventajas*, indicó su utilidad.

En tal sentido expresó que los precedentes administrativos: a) incrementan la credibilidad de la Administración Pública; b) mejoran la calidad de las decisiones tomadas; c) logran una mayor celeridad en la toma de decisión; d) coadyuvan al combate de la corrupción.

Todos esos aspectos hacen a la buena administración por lo que tienen un contenido jurídico, ya que hoy la buena administración es un principio de derecho en el Estado Constitucional de Derecho.

IV

1. En virtud de todo lo expuesto, debo reconocer que este libro que tengo el honor de presentar constituye el mejor trabajo que he leído sobre el precedente administrativo. Es una obra magistral; se convertirá en un clásico en el tema.

2. Este libro demuestra, además, lo bien que se sigue trabajando en Derecho Administrativo en Brasil en general y en la Pontificia Universidad Católica de San Pablo en particular.

Demuestra también que Gustavo Marinho de Carvalho es un jurista joven, serio, de notables condiciones y con un futuro brillante.

Augusto Durán Martínez

Professor Catedrático de Direito Administrativo na Faculdade de Direito da Universidade da República e na Faculdade de Direito da Universidade Católica do Uruguai. Professor Catedrático de Direito Público no Instituto Universitário Politécnico do Uruguai. Decano Emérito da Faculdade de Direito da Universidade Católica do Uruguai

INTRODUÇÃO

O Direito Administrativo tem por objetivo proteger os administrados contra os abusos e arbitrariedades cometidos pela Administração Pública, e não, por óbvio, subjugar os administrados. Com razão, afirma Celso Antônio Bandeira de Mello, que o Direito Administrativo "é, por excelência, um Direito defensivo do cidadão".[3]

A *garantia dos cidadãos*, portanto, é o *valor* que norteia o Direito Administrativo.

Agustín Gordillo, em afirmação lapidar, registra que o Direito Administrativo é luta contra o poder – qualquer tipo de poder – para defender os direitos dos cidadãos. E diz mais: quem deseja fazer um Direito da Administração, legitimador do exercício do poder, está, em verdade, renunciando a fazer Direito,[4] pois este, reforçamos, é um Direito voltado à proteção dos cidadãos.

Ora, se de fato o Direito Administrativo volta-se à proteção dos cidadãos, é natural que com o decorrer do tempo novos instrumentos protetivos sejam desenvolvidos, para justamente armar o administrado na defesa dos perigos decorrentes do uso desatado do poder.[5]

---

[3] BANDEIRA DE MELLO, Celso Antônio. *Curso de Direito Administrativo*. 32. ed., São Paulo, Malheiros Editores, 2015, p. 47.

[4] GORDILLO, Agustín. *Tratado de Derecho Administrativo*. 7. ed., Belo Horizonte, Del Rey, 2003, t. 1, p. I-10.

[5] BANDEIRA DE MELLO, Celso Antônio; op. cit., p. 48.

É nesse contexto que se insere o objeto de nossos estudos, desenvolvido ao longo de nosso mestrado na Pontifícia Universidade Católica de São Paulo. Entendemos que os *precedentes administrativos* são um destes novos instrumentos à disposição dos administrados contra os desmandos da Administração Pública,[6] num dos momentos mais propícios para o cometimento de abusos e arbitrariedades: *o da aplicação do Direito*.

Em verdade, notamos que está cada vez mais nas mãos do aplicador do direito, no caso o juiz e o administrador público, a missão de revelar o sentido efetivo das normas jurídicas, o que, de certa forma, debilita as garantias dos cidadãos, já que o administrado fica, em inúmeras ocasiões, à mercê da *capacidade* e dos *humores* destes aplicadores. Daí a importância de que *a isonomia seja respeitada também no momento de aplicação da lei (= igualdade na aplicação da lei)*, sob pena de passarmos a viver sob a máxima distorcida do *rule of men, not of law*, ao invés do consagrado *rule of law, not of men*.

Em um juízo atécnico e ainda preliminar, temos que precedentes administrativos nada mais são do que a exigência de que *casos iguais devem ter a mesma resposta da Administração Pública*. Ou seja, a Administração Pública, quando estiver diante de situações fáticas similares – e desde que as regras incidentes continuem as mesmas –, deve manter a coerência de suas atuações e dar à situação atual a mesma solução dada à situação anterior.

A *coerência* exigida pelos precedentes administrativos entre as soluções dadas em situações similares acalenta não apenas o princípio da igualdade, mas outros princípios também, dentre os quais destacamos o da segurança jurídica, pois os precedentes permitem ao administrado *antever* com maior precisão o comportamento da Administração Pública diante de determinadas situações.

Mas apesar de ser fora de dúvidas ou entredúvidas que a *coerência* e a *uniformidade* dos comportamentos da Administração Pública

---

[6] HOURSON, Sébastien. *Quand le principe d'égalité limite l'exercice du pouvoir discrétionnaire: le précédent administratif.* Paris, Éditions Dalloz, RFDA juillet-août 2013, p. 753.

são um bem em si mesmo, algo que todos desejam, pouco ou quase nada se escreve em nosso país a respeito dos precedentes administrativos. É aí que reside o maior obstáculo que enfrentamos durante o desenvolvimento deste trabalho: a carência de monografias ou artigos em nosso país dedicados ao estudo e à sistematização dos precedentes administrativos.

Diante deste cenário desafiador, nossas pesquisas tiveram que transbordar as fronteiras do Brasil. Buscamos na literatura estrangeira o caminho a ser trilhado para o desenvolvimento de nossos estudos. Apoiamo-nos em obras e artigos de autores latino-americanos e europeus, para quem o tema não é estranho.

Mas não bastava a leitura e a análise dos textos estrangeiros que versavam sobre os precedentes administrativos, para que pudéssemos ficar mais confortáveis e seguros com o tema. Tivemos que nos debruçar sobre os precedentes mais conhecidos pela comunidade jurídica: os *precedentes judiciais*.

Além de serem a principal fonte do direito dos países que integram a família da *common law*, os precedentes judiciais têm angariado cada vez mais espaço na família romanista, e o Brasil é um exemplo desta aproximação. Cresce a cada dia em nosso país o número de obras dedicadas ao tema, mesmo porque o legislador (constitucional e infraconstitucional) tem empreendido mudanças que prestigiam os precedentes judiciais. As súmulas vinculantes e a repercussão geral são dois exemplos da mudança a que nos referimos. Até mesmo o projeto do novo Código de Processo Civil contempla o instituto dos precedentes judiciais, a revelar ainda mais a relevância do tema em nosso país.

Assim, nada mais natural do que compreender o funcionamento dos precedentes no exercício da função jurisdicional, que é o seu campo principal de atuação, para depois, munidos das lições obtidas e com o esqueleto básico de como funcionam os precedentes, passarmos a analisar a aplicabilidade dos precedentes no exercício da função administrativa. O conhecimento adquirido com o estudo dos precedentes judiciais é, sem dúvida alguma, valiosíssimo para analisarmos os precedentes administrativos, haja vista que ambos se estribam na lógica de que *casos iguais devem ter a mesma resposta do Estado*.

Feitas estas considerações e fixado o objeto do trabalho, apresenta-se uma síntese do modo pela qual a matéria será tratada.

O presente trabalho está dividido em seis capítulos. No primeiro, analisamos os dois principais sistemas jurídicos ocidentais (*common law* e *romanista*), com o propósito inicial de melhor compreendermos como funcionam os precedentes na família da *common law*, para depois respondermos se existe de fato alguma incompatibilidade em se utilizar os precedentes judiciais no sistema romanista, objeto de nosso segundo capítulo.

Também no segundo capítulo, voltamos nossas atenções à aplicação dos precedentes judiciais no Brasil. Destacamos o crescente prestígio de tal instituto em nossa comunidade jurídica e apresentamos alguns exemplos de instrumentos já integrados ao nosso ordenamento jurídico que prestigiam os precedentes judiciais, dentre eles a já mencionada súmula vinculante e a repercussão geral.

Compreendida a pertinência dos precedentes judiciais nas famílias romanistas e no Brasil, no terceiro capítulo, analisamos a possibilidade de serem utilizados os precedentes no exercício da função administrativa.

A partir do quarto capítulo, dedicamos nossas atenções aos precedentes administrativos no Direito brasileiro. Após tratarmos da heterovinculação e da autovinculação administrativa, apresentamos o nosso conceito de precedentes administrativos, diferenciamo-los de algumas figuras próximas, em seguida apresentamos os fundamentos para a eficácia vinculante dos precedentes administrativos e os pressupostos para a sua aplicação.

Ainda neste capítulo, tratamos da aplicação dos precedentes administrativos no exercício da competência discricionária e vinculada, de sua relação com o processo administrativo e registramos a possibilidade de serem formados precedentes administrativos tanto em atos administrativos que ampliam a esfera jurídica dos administrados, quanto naqueles que a restringem.

No quinto capítulo tratamos das consequências da inobservância dos precedentes administrativos e as maneiras pelas quais estes podem ser afastados (pelo método da superação ou da distinção).

No último capítulo, foram feitas considerações sobre a importância dos precedentes administrativos e a sua operatividade – esta última sem qualquer intenção de apresentarmos uma resposta definitiva.

Apesar de tocarmos nos pontos que consideramos os mais relevantes e sensíveis aos precedentes administrativos, não temos qualquer pretensão de esgotarmos o tema, mesmo porque se trata de um assunto novo para nós e sem lastro em nossa comunidade jurídica. O que desejamos é que este trabalho seja um convite à reflexão sobre o tema dos precedentes administrativos, que, a nosso ver, se afigura como um valioso instrumento para a garantia e preservação dos direitos dos administrados, que ainda hoje sentem o peso dos desmandos da Administração Pública.

1
OS DOIS PRINCIPAIS SISTEMAS JURÍDICOS OCIDENTAIS E OS PRECEDENTES JUDICIAIS

Em uma rápida pesquisa sobre os *precedentes* no Direito brasileiro, notamos com facilidade o número cada vez maior de autores que se dedicam ao tema. Mas este fenômeno não é exclusivamente brasileiro, pois outros países que pertencem à família romanista, tais como Espanha, França, Argentina, Colômbia e Peru, também têm se dedicado ao estudo da aplicabilidade da teoria dos precedentes em seus ordenamentos jurídicos. Tais estudos não se restringem aos tradicionais e por todos conhecidos *precedentes judiciais*, mas também incluem o objeto deste livro: os denominados *precedentes administrativos*.

Os últimos anos foram fundamentais para o estímulo do estudo dos precedentes em nosso país. As modificações legislativas introduzidas (constitucional e infraconstitucional), tais como a súmula vinculante (art. 103-A da Constituição Federal), a repercussão geral (art. 1.035 do Código de Processo Civil de 2015), recursos repetitivos (art. 1.036 do Código de Processo Civil de 2015), incidente de resolução de demandas repetitivas (art. 976, Código de Processo Civil de 2015), aliadas ao crescente aumento do prestígio dos princípios constitucionais da igualdade e da segurança jurídica, que são os alicerces dos precedentes judiciais e administrativos, formaram o cenário ideal para que debates se iniciassem sobre o ponto nodal dos precedentes: *casos iguais devem ser decididos da mesma maneira*. Dois motivos foram fundamentais para o início destes debates: (*i*) realizar no plano da aplicação da norma os princípios mencionados (igualdade e segurança jurídica); (*ii*) obter maior celeridade, eficiência, coerência e uniformidade das decisões estatais, provenham elas do exercício da função judicial ou da função administrativa.

É possível afirmarmos que o Brasil ruma para uma posição intermediária entre os dois principais sistemas jurídicos do mundo contemporâneo: o romano (*civil law*) e a *common law*. Esta situação é reflexo da aproximação entre estes dois sistemas jurídicos, também notada em países tradicionalmente filiados à família da *common law*, como, por exemplo, a Inglaterra e os Estados Unidos. Nestes países, cresce a cada dia a influência da lei (*statue law*).[7]

Se, por um lado, a produção legislativa tem crescido consideravelmente nos países da *common law*,[8] conhecidos pela origem jurisdicional do Direito (*case law*), por outro o respeito aos precedentes tem angariado espaço cada vez maior nos países de tradição romanista, especialmente em razão da constatação de que a lei não é suficiente para proporcionar o respeito integral aos princípios da igualdade e da segurança jurídica.[9]

---

[7] "Países de direito romano-germânico e países de *common law* tiveram uns com os outros, no decorrer dos séculos, numerosos contatos. [...] A *common law* conserva hoje a sua estrutura, muito diferente da dos direitos romano-germânicos, mas o papel desempenhado pela lei foi aí aumentado e os métodos usados nos dois sistemas tendem a aproximar-se; sobretudo a regra de direito tende, cada vez mais, a ser concebida nos países da *common law* como o é nos países da família romano-germânica"; DAVID, René. *Os Grandes Sistemas do Direito Contemporâneo*. 4. ed., São Paulo, Martins Fontes, 2002, p. 26)

[8] Circunstância esta que não diminui a importância dos precedentes judiciais (*stare decisis*), na medida em que estes precedentes judiciais fixam a interpretação das leis editadas pelo Poder Legislativo.

[9] Com muita propriedade, assim constatou Michel Fromont: "Théoriquement, les règles non écrites ne jou entunrôle important que dans les pays de *common law*. En effet, dans les pays de droit romaniste, le droit est fondamentalement un droit écrit: la coutume a pratiquement cessé d'être une source du droit. Dans la pratique, la diference subsiste certes, mais elle est moindrequ'on ne le prétend généralement. D'une part, dans les pays de *common law*, la loi et le règlement ont prisune importance considérable. D'autre part, les pays romanistes, applés pays de droit écrit par les anglo, voient aujourd'hui dans la jurisprudence

Outrossim, em função da aproximação entre estes dois sistemas jurídicos,[10] é natural que, ao estudarmos o tema dos precedentes administrativos, vejamos, ainda que brevemente, a maneira pela qual se estrutura o sistema de precedentes judiciais nos países da *common law* – principal fonte do direito desta família – e, posteriormente, nos países filiados à tradição romanista.

Esta rápida visita ao sistema jurídico da *common law*, que será precedida pela análise também breve do sistema romano, contribuirá, indubitavelmente, para a melhor compreensão da teoria dos precedentes administrativos. Cremos que, ao final deste capítulo, conseguiremos demonstrar que a teoria dos precedentes não é adágio da *common law*, porquanto plenamente aplicável nos países de tradição romanista.

Nosso propósito na análise que se seguirá não é o de apontar qual destes dois sistemas jurídicos é o melhor. O que desejamos, em verdade, é compreendermos um pouco mais o funcionamento destes dois sistemas jurídicos, a fim de que possamos extrair conclusões mais embasadas ao longo deste estudo.

Passemos então à análise destes dois sistemas jurídicos, com o objetivo de melhor compreendermos a teoria dos precedentes.

1.1 O CONTEXTO HISTÓRICO E POLÍTICO DA FAMÍLIA ROMANISTA E DA *COMMON LAW*

Antes de ingressarmos na análise mencionada no item anterior, cumpre-nos registrar que todo sistema jurídico, seja ele pertencente à família da *common law* ou à família romanista (os dois principais sistemas jurídicos do mundo contemporâneo), possui três objetivos essenciais,

---

une véritable source du droit"; *Droit administratif des États européens*. Paris, Presses Universitaries de France, 2006, p. 79.

[10] Neste sentido, *vide*: Mario G. Losano; *Os Grandes Sistemas Jurídicos*, São Paulo, Martins Fontes, 2007, p. 345, e Patrícia Perrone Campos Mello. *Precedentes, o desenvolvimento judicial do direito no constitucionalismo contemporâneo*. São Paulo, Renovar, 2008, p. 13.

imutáveis no tempo e no espaço:[11] (*i*) garantir a justiça, (*ii*) estimular o bem comum dos partícipes da sociedade e (*iii*) criar um ambiente de segurança jurídica.

Não obstante haja coincidência entres estes objetivos, certo é que o caminho para alcançá-los pode se dar de maneiras diferentes[12]. Para os nossos estudos, interessam-nos os caminhos traçados pela família romana (*civil law*) e pela família da *common law*.

Conhecer a origem destas duas famílias do direito ocidental, além do enriquecimento cultural que qualquer pesquisa histórica pode proporcionar, auxiliar-nos-á a compreender melhor o nosso sistema – o que nos erguerá a um novo patamar para a análise da compatibilidade da teoria dos precedentes (judiciais e administrativos) em nossa ordem jurídica[13].

A análise que faremos não versará sobre o desenvolvimento histórico das diversas regras e princípios que compõem cada uma destas famílias. Além de ser uma tarefa hercúlea, a compreensão de um sistema jurídico, tal como desejamos empreender neste capítulo, não passa pela análise do conteúdo de suas regras, passíveis de serem modificadas a qualquer tempo,[14] mas sim pelo exame de sua estrutura e, principalmente para nós, de suas *fontes*[15] principais – infensas a mudanças repentinas e arbitrárias.

---

[11] RADBRUCH, Gustav. *O Espírito do Direito Inglês e a Jurisprudência Anglo-Americana*. Rio de Janeiro, Lumen Juris, 2010, p. 59.

[12] Ibidem.

[13] Anota René David: "O direito comparado é útil para um melhor conhecimento do nosso direito nacional e para o seu aperfeiçoamento"; op. cit., p. 5.

[14] Anota J. Kirchmann que "três palavras do legislador e bibliotecas inteiras podem desaparecer" (*Die Wertlosigkeit der Jurisprudenz ais Wissenschaft*, 1936, p. 25. Apud DAVID, René, *Os Grandes Sistemas do Direito Contemporâneo*, p. 20.

[15] Uma das melhores definições de fontes do direito é apresentada por Claude Du Pasquier : Dès lors se présente la question de savoir comment se manifestent les règles du droit positif, où et comment les justiciables et les juges peuvent en prendre connaissance, bref quelles sont les sources du droit. Ce terme de source crée une métaphore assez juste, car remonter à la source d'un fleuve, c'est rechercher l'endroit où ses eaux sortent de terre; de memê s'enquérir de la source d'une règle juridique, c'est rechercher le point par lequel elle

Vejamos, portanto, sem qualquer pretensão de esgotarmos o tema, como se deu o desenvolvimento de cada uma destas famílias, a começar pela romanista.

1.2 FAMÍLIA ROMANISTA[16]

Como a própria denominação revela, fazem parte desta família aqueles países cujo Direito tem como base o direito romano, *resgatado* e desenvolvido a partir dos estudos do Código Justiniano (*Corpus Iuris Civilis*). Este resgate deu-se, em grande medida, graças ao aparecimento das universidades durante o Renascimento que, sob o ponto de vista cultural, trouxeram luzes a um nebuloso período que viveu a sociedade europeia após a queda do Império Romano do Ocidente no século V.[17]

As universidades tiveram papel fundamental para a retomada do Direito na Europa, destacando-se, dentre elas, a de Bolonha, na Itália. Fundada em 1088, além de ter sido a primeira do mundo, a Universidade de Bolonha foi o berço da retomada dos estudos do até então esquecido Direito Romano.

---

est sortie des profondeurs de la vie sociale pour apparaitre à la surface du droit." *(Introduction à la théorie générale et à la philosophie du Droit.* 3.ed., Neuchatel: Delachaux & Niestle,1948, p. 47.) Tradução livre: Daí surge a questão de como manifestar as normas de direito positivo, onde e como litigantes e juízes devem, em suma, buscar as fontes de direito. O termo fonte cria uma metáfora bastante precisa, porque rastrear a origem de um rio é buscar o lugar onde as águas brotam da terra; o mesmo ocorre para a busca da origem de uma norma jurídica, o que se busca é o ponto em que deixou as profundezas da vida social para brotar na superfície do direito.

[16] Diferentemente da classificação promovida por René David, cujos ensinamentos permearão esta parte histórica de nossos estudos, preferimos a denominação família romanista à denominação família romano-germânica, utilizada pelo mestre francês. É que na mesma linha de John Gilissen, apesar de ser inequívoca influência do direito germânico na formação dos sistemas jurídicos da maior parte dos países da Europa, foi o direito romano que mais os influenciou; *Introdução histórica ao direito.* 4.ed., Lisboa, Fundação Calouste Gulbenkian, 2003, p. 202.

[17] "O meio principal pelo qual as novas ideias se espalharam, favorecendo o renascimento do direito, foi constituído pelos novos focos de cultura criados no Ocidente europeu; uma função essencial pertence às universidades, das quais a primeira e mais ilustre foi, na Itália, a Universidade de Bolonha"; DAVID, René; op. cit., p. 41.

Como sabemos, o Renascimento, ocorrido na Europa entre os séculos XII e XIII, não se limitou apenas às artes e à cultura. A retomada do comércio entre as cidades, fruto deste novo período de luzes, teve por consequência a redescoberta do Direito, já que as relações sociais da época careciam de ordem e segurança, elementos que, de certa maneira, abandonaram a Europa durante a Idade Média. Neste período de trevas (Idade Média), a solução dos conflitos se dava pela *lei do mais forte* ou pela arbitrariedade de autoridades ou por soluções sobrenaturais (religiosas).

A ideia dos romanos de que o Direito deve reger as relações pessoais, pelo menos as relações particulares, retornou.[18] O Renascimento permitiu a retomada dos estudos do Direito de uma sociedade que não existia mais e propiciou o nascimento da família romanista.[19]

É interessante apontar que a marca fundamental das universidades que se empenharam em revisitar o direito romano foi a busca por *regras de conduta* mais justas para toda a sociedade (*sollen*)[20] e que não se restringia ao direito local, fundado em costumes, os quais, aliás, não eram vistos como verdadeiro Direito, já que não exprimiam necessariamente a ideia de justiça. Não havia nesta época a preocupação imediata com a *prática do Direito*, com a sua aplicação no mundo fenomênico (*sein*),[21] tal como o faziam os ingleses na *common law*.

Anote-se que inicialmente existia em boa parte da Europa continental, em função dos estudos de Direito partirem do *Corpus Iuris Civilis*,

---

[18] "A sociedade civil deve ser fundada sobre o direito: o direito deve permitir a realização, na sociedade civil, da ordem e do progresso. Estas ideias tornaram-se as ideias mestras na Europa Ocidental nos séculos XII e XIII; elas imperarão aí, de modo incontestado, até os nossos dias; DAVID, René; op. cit., p. 40.

[19] "O renascimento dos estudos de direito romano é o principal fenômeno que marca o nascimento da família de direito romano-germânica. Os países que pertencem a esta família são, na História, aqueles em que os juristas e práticos do direito, quer tenham ou não adquirido a sua formação em universidades, utilizam classificações, conceitos e modos de argumentação dos romanistas"; DAVID, René; op. cit., p. 53.

[20] O que é necessário fazer.

[21] O que se faz na prática.

considerado pelos estudiosos da época como uma fonte muito boa, uma unidade do Direito, denominada *ius commune* (direito comum). Este direito comum da Europa Continental, conforme veremos a seguir, deixou de existir ao longo dos anos, pois cada nação passou a desenvolver o seu próprio Direito nacional, fruto da soberania conquistada.

A influência das Universidades e de seus estudos de Direito potencializaram-se com a crescente adoção pelos países continentais europeus de *juristas letrados* para a administração da Justiça. Como consequência, a *doutrina* foi, durante muitos séculos, a principal fonte do Direito da família romana. Ainda hoje a doutrina influencia demasiadamente a construção do Direito, apesar de vivermos na fase do primado da lei.[22]

Contudo, a influência do direito romano e do direito canônico, este último também objeto dos estudos universitário, não durou para sempre. Isto porque, como se apontou anteriormente, as universidades continentais europeias focavam seus estudos na busca de *regras de conduta justas*, e as soluções obtidas pelos estudos de direito romano e de direto canônico nem sempre atingiam este objetivo. A incessante busca de regras jurídicas calcadas na razão das coisas fez com que as soluções provenientes do direito romano e canônico fossem superadas, mas não completamente eliminadas, pelo *direito natural*, que propugnava a razão como a guia do Direito.[23]

Por se apoiar na razão, o direito natural repudiava a ideia de que as regras de direito emanassem da vontade *arbitrária* – e, portanto, desarrazoada – da autoridade. Foi diante deste cenário que se possibilitou o desenvolvimento do direito público[24] – após a Revolução Francesa de

---

[22] DAVID, René; op. cit., p. 163.

[23] "A preocupação de respeitar o direito romano sobrepõe-se cada vez mais, nas universidades, à preocupação de descobrir e ensinar princípios de um direito plenamente racional. Uma nova escola, dita do direito natural, triunfa nas universidades nos séculos XVII e XVIII"; DAVID, René; op. cit., p. 46.

[24] Curioso notar que foi a partir direito natural que o direito público começou efetivamente a se desenvolver. O direito romano, como se sabe, deixava de lado o direito público, enquanto

1789 –, e a figura do *legislador* começou a ganhar espaço. Sobre este último ponto, é curioso registrar que, mesmo entre os defensores do direito natural, enxergava-se na figura do legislador a possibilidade de transformar o direito ensinado nas universidades em direito positivo.[25] Este apoio dos *jusnaturalistas* ao legislador possibilitou o início da era do *direito positivo* na família do direito romano[26] – circunstância que apesar de conferir maior respeitabilidade e difusão das regras de direito fundadas na razão pura, não garantia que as regras editadas perseguissem este fim.[27]

Foi na França oitocentista que o intento *jusnaturalista* deparou-se com as condições ideais para o seu congraçamento. A França, recordemos, à época da consolidação do direito positivo, era um país grande, importante, e possuía governantes, filhos da Revolução Francesa, esclarecidos o suficiente para implementar a era do *direito legislado*.[28] Foi a partir dos ideais revolucionários franceses que se acabou por selar a característica

---

o direito natural possibilitou os estudos deste ramo do direito. A partir do século XVIII, o direito público começou a fazer parte das preocupações dos juristas. Juntamente com a relevância conferida ao legislador, esta foi uma das principais conquistas do direito natural.

[25] DAVID, René; op. cit., p. 66.

[26] "A escola do direito natural, no século XVIII, rompe com esta concepção tradicional. Ela se recusa a reconhecer a onipotência do soberano e a atribuir a qualidade de leis aos comandos emanados da sua vontade arbitrária. Mas já transige ao ver na pessoa do soberano um legislador; atribuiu-lhe a função de reformar o direito de modo a rejeitar o passado e a proclamar a autoridade de regras plenamente conformes à razão. Sob império destas ideias, os países do continente europeu vão-se orientar para uma nova fórmula de codificação, muito diferente da fórmula das compilações anteriores. A nova fórmula de codificação conduz-nos ao período moderno da história dos direitos da família romano-germânica: aquela em que a descoberta e o desenvolvimento do direito vão ser entregues, principalmente, ao legislador"; DAVID, René; op. cit., p. 64.

[27] Convém registrar que a razão também se tornou a guia do Direito desenvolvido na *common law*. Enquanto na família romano-germânica a razão consubstanciava-se na forma de direito legislado, na *common law* ela é obtida caso a caso. O famoso jurista inglês Edward Coke, assinala que: "[...] a razão é a vida do direito, na verdade, a *common law* não é outra coisa que a razão"; DAVID, René; op. cit., p. 441. Os princípios jurídicos, nos dias de hoje, são importantes veículos para a racionalização do Direito nestes dois sistemas jurídicos, em especial ao romano.

[28] DAVID, René; op. cit., p. 67.

mais marcante da família romana, qual seja, *a lei como fonte principal do direito*.[29] Jean-Jacques Rousseau e o Barão de Montesquieu (Charles--Louis de Secondat) foram os filósofos franceses que mais contribuíram para a consagração teórica do direito positivo, marcado pelo *raciocínio jurídico abstrato*.

Anota Eduardo García de Enterría[30] que foi sobre a tese de Rousseau que se desenvolveu o conceito moderno de *lei*.[31] De fato, em sua principal obra, *O Contrato Social*, Rousseau deixa claro que a alienação da liberdade de cada partícipe da sociedade se dá em proveito desta mesma sociedade, formando-se, desta forma, o chamado *pacto social* (= contrato social). Por este pacto, o homem troca a plena liberdade que possuía no estado de natureza por uma liberdade consensual (civil),[32]

---

[29] Neste sentido, são precisas as palavras de Teresa Arruda Alvim Wambier: "Num certo momento histórico, posterior, todavia, o centro do poder transferiu-se do monarca para a Nação. Parece que este é o momento em que se percebe de maneira mais nítida a origem real da estrutura do sistema da *civil law*. Esta passagem do poder do monarca para a Nação foi simbolizada pela Revolução Francesa, ambiente no qual nasceu a base do estilo de raciocínio jurídico dos sistemas de *civil law*"; WAMBIER, Teresa Arruda Alvim. *Estabilidade e adaptabilidade como objetivos do direito: civil law e common law*. In: *Revista de Processo*, São Paulo, Revista dos Tribunais, n. 172, p. 126.

[30] GARCÍA DE ENTERRÍA, Eduardo. *Revolución Francesa y administración contemporánea*. Madrid: Civitas, 1998, p. 23.

[31] É possível falarmos de lei antes da consagração do movimento liberal, mas foi nesta fase que ele melhor se desenvolveu: "Sem prejuízo da possibilidade de se construir uma pré--história do princípio da legalidade administrativa anterior ao liberalismo, fazendo-a até remontar à formulação aristotélica da superioridade da lei em termos fundamentadores da preferência de um governo de leis sobre um governo só de homens, o certo é que o princípio da legalidade é um produto directo da filosofia inspiradora do movimento liberal"; OTERO, Paulo. *Legalidade e Administração Pública – O sentido da Vinculação Administrativa à Juridicidade*. Coimbra, Almedina, 2007, p. 45.

[32] Nas palavras de Rousseau: "O que o homem perde pelo contrato social é a liberdade natural e um direito ilimitado a tudo quanto deseja e pode alcançar; o que com ele ganha é a liberdade civil e a propriedade de tudo o que possuir. Para que não haja engano a respeito dessas compensações, importa distinguir entre a liberdade natural, que tem por limites apenas as forças do indivíduo, e a liberdade civil, que é limitada pela vontade geral, e ainda entre a posse, que não passa do efeito da força ou do direito do primeiro ocupante, e a propriedade, que só pode fundar-se num título positivo"; ROUSSEAU, Jean-Jacques. *O Contrato Social*. São Paulo, Martins Fontes, 2001, p. 26.

cujos contornos seriam estabelecidos pela *volonté genérale*,[33] manifestada e impulsionada pela *lei*. Lei esta a ser elaborada pelo *legislador*[34], representante eleito que simboliza o povo como autor de suas próprias regras[35] – limitadoras de sua liberdade natural –, e caracterizadas pela *generalidade* e *abstração*[36] (elementos fundamentais do princípio da igualdade).[37]

A contribuição de Montesquieu, indiscutivelmente calcada em estudos de autores que o precederam (Aristóteles e John Locke), além da exaltação ao princípio da legalidade, está intimamente ligada à constatação de que o Poder conferido ao Estado por todos os partícipes da sociedade tende, por uma incorrigível fraqueza humana, a ser indevidamente utilizado, o que justifica a sua divisão *orgânica*,[38] em que o Poder será contido pelo próprio Poder. A ideia central de Montesquieu[39]

---

[33] Nas palavras de Rousseau: "Cada um de nós põe em comum sua pessoa e todo o seu poder sob a suprema direção da vontade geral; e recebemos, coletivamente, cada membro como parte indivisível do todo"; ibidem, p. 22.

[34] Anota Rousseau: "[...] o poder legislativo é o coração do Estado"; ROUSSEAU, Jean-Jacques; op. cit., p. 107.

[35] Anota Rousseau: "[...] o povo sujeito às leis deve ser o próprio autor delas"; ibidem, p. 48). "[...] o poder legislativo pertence ao povo e só a ele pode pertencer"; ibidem, p. 71.

[36] Nas palavras de Rousseau: "Quando afirmo que o objeto das leis é sempre geral, entendo que a lei considera os súditos coletivamente e as ações como abstratas, nunca um homem como indivíduo nem uma ação particular"; ibidem, p. 47.

[37] Como se nota, o princípio da legalidade é uma decorrência do princípio da igualdade. Ao se exigir que a lei seja geral e abstrata, nada mais se deseja que os partícipes da sociedade sejam tratados com igualdade. A lei, portanto, simboliza uma conquista do princípio da igualdade no plano abstrato. Veremos ao longo deste estudo, que a igualdade no plano abstrato não é suficiente para se assegurar a igualdade no plano concreto, o que dá abertura à teoria dos precedentes.

[38] "Para que não se possa abusar do poder é preciso, pela disposição das coisas, que poder freie poder. [...] Tudo estaria perdido se o mesmo homem, ou o mesmo corpo de principais, ou dos nobres, ou do povo, exercesse esses três poderes: o de fazer leis, o de executar as resoluções públicas e o de julgar os crimes ou as querelas entre os particulares". (MONTESQUIEU, Charles de Secondat. *O Espírito das Leis*. São Paulo, Martins Fontes, 2005, p. 168.

[39] "Dans le shéma de Montesquieu, toutes les règles de droit émanant de l'État devaient être des règles législatives, c'est-à-dire émanant d'une assemblée représentative de la nation. C'est

recordemos: *cumpre àquele que faz as leis, não as executar nem julgar; cumpre àquele que julga, não as elaborar nem executar, cumpre àquele que as executa, não as elaborar nem julgar.*[40]

As construções teóricas destes dois importantes filósofos franceses modelaram, indubitavelmente, o Direito dos países pertencentes à família romana. A partir de suas ideias, firmou-se a noção de que as regras de direito deveriam ser formuladas pelo *legislador*, que as cunharia com as características garantidoras da isonomia (*generalidade* e *abstração*), e que permitiria aos juízes (aplicadores da lei) e aos cidadãos, deduzirem, *antecipadamente*, as condutas que deveriam ser observadas. É a partir deste instante que historicamente ocorre a ruptura do *ius commune* da Europa continental: cada nação com suas leis.

A estrutura das *leis*, portanto, posiciona-se entre a aplicação concreta da regra para a solução de determinado conflito e os princípios gerais que a fundamentam. A generalidade e a abstração que as marcam podem ter intensidades diferentes a depender do ramo do direito que se estuda (Direito Penal, Direito Civil, Direito Tributário, Direito Administrativo etc.) ao mesmo tempo que nos permite saber de antemão a conduta a ser tomada. Esta estrutura da regra de direito, quando comparada com a estrutura da regra de direito nos países da *common law* – reveladas a partir de casos concretos –, faz com que o Direito nos países da família romana seja, em princípio, melhor conhecido. Todavia, como veremos, esta constatação não é totalmente verdadeira.[41]

---

d'ailleurs pour cette raison que la Révolutin française avait exclu à l'origine toute possibilite d'édiction de règles génerales par le pouvoir exécutif. C'est le règne de la loi. [...]"; FROMONT, Michel. *Droit administratif des États européens*. Paris, Thémis, 2006, p. 74.

[40] Nas palavras do próprio Barão: "Quando na mesma pessoa ou no mesmo corpo de magistratura, o poder legislativo está reunido ao poder executivo, não existe liberdade; porque se pode temer que o mesmo monarca ou o mesmo senado crie leis tirânicas para executá-las tiranicamente. Tampouco existe liberdade se o poder de julgar não for separado do poder legislativo e do executivo. Se estivesse unido ao poder legislativo, o poder sobre a vida e a liberdade dos cidadãos seria arbitrário, pois o juiz seria legislador. Se estivesse unido ao poder executivo, o juiz poderia ter a força de um opressor"; ibidem, p. 168.

[41] "A concepção que prevalece nos países do sistema romano-germânico vai implicar que existam, nestes países, muito menos regras de direito que nos países onde a regra de direito

A exaltação da supremacia da lei era tanta, que, na França pós-revolucionária, relegou-se os juízes à condição de seres inanimados. É famosa a expressão de Montesquieu que simbolizava este desprestígio dos magistrados franceses: "Mas os juízes da nação são apenas, como já dissemos, a boca que pronuncia as palavras da lei; são seres inanimados que não podem moderar nem sua força, nem seu rigor."[42]

Esta aversão dos franceses aos juízes tem razões históricas – e difere do que ocorreu na Inglaterra. Na França, a burguesia tinha verdadeira ojeriza aos juízes,[43] em função da relação promíscua que possuíam com a aristocracia – que se favorecia vergonhosamente das benesses do *ancién regime*. Daí a ideia inicial de que tolher a possibilidade do juiz interpretar a lei para aplicá-la ao caso concreto, seria uma forma de se garantir a realização dos ideais revolucionários, da igualdade e da liberdade.[44]

---

se situa a um nível de menor generalidade e em que ela entra numa regulamentação mais pormenorizada das situações concretas. Daí resulta, pelo menos à primeira vista, que o conhecimento do direito francês, ou de um outro direito do sistema, é bem mais fácil de adquirir que o de um direito ligado ao sistema de *common law*. O prático francês, egípcio ou japonês terá menos dificuldade que o seu colega inglês, americano ou canadense em dizer ao seu cliente qual ou quais as regras de direito que vão ser aplicadas à sua situação. A vantagem que existe, por isto, em favor dos direitos da família romano-germânica, não deve, contudo, iludir-nos. Ela é largamente ilusória. A concepção de regra de direito admitida nos países da família romano-germânica não traz como consequência autorizar uma previsão mais fácil da solução que comporta um determinado litígio. Tudo o que restringe a especialização da regra de direito aumenta automaticamente o papel de interpretação do juiz. Formular a regra de direito em termos de uma excessiva generalidade é fazer dela alguma coisa de menos preciso, e conferir aos juízes uma maior liberdade na aplicação do direito. Por consequência, a segurança das relações jurídicas não aumenta pelo fato de se tornar mais fácil descobrir a regra de direito aplicável; antes se verifica o contrário"; DAVID, René; op. cit., p. 106.

[42] MONTEQUIEU, Charles de Secondat. *O espírito das leis*. São Paulo, Martins Fontes, 2005, p. 175.

[43] A resistência dos franceses aos magistrados, além de tê-los relegados à situação tão vexatória, a ponto de fazê-los submeter à Corte de Cassação, que tinha a função de interpretar a lei em determinado caso concreto, contribuiu decisivamente para o desenvolvimento de uma das instituições mais importantes para o Direito Administrativo: o Conselho de Estado.

[44] "Para a Revolução Francesa, a lei seria indispensável para a realização da liberdade e da igualdade. Por este motivo, entendeu-se que a certeza jurídica seria igualmente indispensável

Naturalmente, entretanto, em pouco tempo constatou-se que a atividade do juiz não se restringia à subsunção lógica dos fatos à literalidade da lei (*Lei + Fatos = Decisão*).[45] Percebeu-se que a *lei*, como fonte principal do Direito, não é suficiente para sanar todos os problemas jurídicos existentes,[46] tampouco garante que a sua aplicação se dará de maneira isonômica e segura[47] – principalmente quando nos deparamos com *conceitos jurídicos indeterminados*, *cláusulas gerais* e *princípios jurídicos*.

Este último aspecto, mais ligado ao tema dos *precedentes*, como veremos, decorre da constatação de que o juiz não é a boca da lei, ou seja, ao aplicador do direito não é suficiente a mencionada fórmula lógica que pautou o alvorecer da era do direito legislado: *a interpretação e a aplicação da lei não é uma operação meramente mecânica*.[48] É por esta

---

diante das decisões judiciais, uma vez que, caso os juízes pudesse produzir decisões destoantes das leis, os propósitos revolucionários estariam perdidos ou seriam inalcançáveis. Assim, manter o juiz preso à lei seria sinônimo de segurança jurídica"; MARINONI, Luiz Guilherme. *Precedentes Obrigatórios*. São Paulo: Editora Revista dos Tribunais, 2010, p. 62.

[45] *Vide* ALVIM, Theresa Arruda. *Direito jurisprudencial*. São Paulo: Editora Revista dos Tribunais, 2012, p. 26.

[46] "Os juristas franceses do século XIX acreditaram que os seus códigos tinham realizado 'a perfeição da razão' e que doravante o meio mais seguro de chegar a uma solução de justiça, de conhecer o direito, era fazer simplesmente a exegese destes códigos. [...] Esta momentânea coincidência entre o direito, que é a justiça, e a lei, que é a vontade do legislador, pode iludir-nos durante algum tempo"; DAVID, René; op. cit., p. 114.

[47] "A concepção de regra de direito admitida nos países da família romano-germânica não traz como consequência autorizar uma previsão mais fácil da solução que comporta um determinado litígio. Tudo o que restringe a especialização da regra de direito aumenta automaticamente o papel de interpretação do juiz. Formular a regra de direito em termos de uma excessiva generalidade é fazer dela alguma coisa de menos preciso, e conferir aos juízes uma maior liberdade na aplicação do direito. Por consequência, a segurança das relações jurídicas não aumenta pelo fato de se tornar mais fácil descobrir a regra de direito aplicável; antes se verifica o contrário"; DAVID, René; op. cit., p. 106.

[48] Piero Calamandrei, famoso advogado italiano, deixa muito claro que a interpretação da lei não é uma operação mecânica, pois deixa ao juiz uma certa margem de opção: "A interpretação das leis deixa ao juiz certa margem de opção; dentro dessa margem, quem comanda não é a lei inexorável, mas o coração mutável do juiz. Se o juiz, no recesso da sua consciência, é partidário do regime pelo qual são ditadas as leis que é chamado a aplicar, ele será intérprete zeloso do seu espírito e procurará prosseguir e desenvolver, ao aplicá-las nos casos práticos, a inspiração política de que nasceram; se, ao contrário, ele é em seu

constatação, calcada nas diversas *interpretações* que se pode extrair de um texto legal,[49] que não mais se pode afirmar que o conhecimento de determinado ordenamento jurídico se dá apenas pelo conhecimento do direito legislado, haja vista que, atualmente, a doutrina e também os precedentes têm contribuído sobremaneira para a evolução do Direito.[50]

1.3 FAMÍLIA DA *COMMON LAW*

O sistema da *common law*[51] surgiu e se desenvolveu na Inglaterra e, ao contrário da família romana, não possui um evento que fixe temporalmente o seu aparecimento. Presente na maioria dos países de língua inglesa, a *common law*, como costumam afirmar os ingleses, *sempre existiu* e, apesar de algumas mudanças ocorridas ao longo dos tempos (*v.g.* a consolidação da teoria do *stare decisis* no século XIX), *a ideia de que os casos concretos são fontes do Direito* sempre se mostrou presente.

Uma breve análise histórica se mostra fundamental para que compreendamos a *common law*, pois esta família, assim como seus juristas, prezam pela *continuidade histórica* do seu direito.[52] Um indicativo deste

---

coração opositor daquele regime, procurará interpretá-las de maneira a torná-las praticamente ineficazes ou procurará exagerar seus defeitos, a fim de as fazer parecer piores do que são e, assim, desacreditar aqueles legisladores"; *Eles, os juízes, vistos por um advogado*. São Paulo, Martins Fontes, 2000, p. 221-222.

[49] Norma e texto não se confundem. De um texto legal extrai-se, pela interpretação, uma norma.

[50] "Atualmente a crise parece estar em vias de solução. O envelhecimento dos códigos atenuou, se é que não eliminou, a atitude de positivismo legislativo dominante no século XIX. Reconhecemos cada vez mais abertamente a função essencial que pertence à doutrina e à jurisprudência na formação e na evolução do direito, e nenhum jurista pensa mais que apenas os textos legislativos sejam importantes para conhecer o direito"; DAVID, René; op. cit., p. 70.

[51] "O *common law* é um *judge-made-law*, um direito jurisprudencial, elaborado pelos juízes e mantido graças à autoridade reconhecida aos precedentes *judiciaries*"; GILISSEN, John. *Introdução Histórica ao Direito*. Lisboa: Fundação Calouste Gulbenkian, 2003, p. 208.

[52] "A verdade é que os ingleses gostam de pôr em evidência esse caráter tradicional, enquanto os franceses preferem evidenciar o caráter racional e lógico do seu direito. Na realidade, a parte tradicional e racional de ambos os direitos não são fundamentalmente diferentes"; DAVID, René, p. 355.

apego à tradição histórica está no fato de não ser raro que os litígios nos países da *common law*, especialmente na Inglaterra, sejam solucionados com base em decisões proferidas séculos antes.[53] Esta maneira peculiar de solucionar conflitos e criar regras de Direito a partir dos casos concretos desenvolveu-se mesmo tendo a Inglaterra sido dominada pelos romanos durante mais de trezentos anos.[54]

A história da *common law* começa a ser estudada na Inglaterra a partir da conquista normanda (batalha de Hastings), ocorrida em 1066, por Guilherme, o Conquistador, posteriormente conhecido por Guilherme I da Inglaterra. Apesar das marcas que deixou na sociedade, na língua[55] e na religião, o Direito então vigente, de origem anglo-saxônica e pouco conhecido até hoje, não foi afastado pelo rei franco-normando, pois este desejava reinar como o *sucessor* do rei Eduardo, o Confessor, e não como um conquistador.[56]

A influência que Guilherme I teve no campo do Direito deu-se em função de sua larga experiência administrativa – marcada pela organização e disciplina militar – e pela concentração de seu poder. Estas circunstâncias, tal como veremos nos parágrafos seguintes, foram fundamentais para o surgimento e desenvolvimento dos Tribunais Reais e, por conseguinte, para o crescimento da *common law*.[57]

---

[53] "O direito inglês moderno é por consequência muito mais 'histórico' que os direitos dos países da Europa Continental; não houve ruptura entre o passado e o presente, como a que a Revolução de 1789 provocou na França e noutros países. Os juristas ingleses do século XX invocam ainda leis e decisões judiciárias dos séculos XIII e XIV; GILISSEN, John; op. cit., p. 208. Neste mesmo sentido, *vide* WAMBIER, Teresa Arruda Alvim. *Direito jurisprudencial*; op. cit., p. 42.

[54] O domínio romano deu-se entre os séculos I e V. Posteriormente, a Inglaterra passou por inúmeras invasões bárbaras (Anglos, Saxões, Dinamarqueses, etc.).

[55] Guilherme, o Conquistador, falava apenas o francês. Daí a razão pela qual o francês, durante muito tempo, foi a língua oficial da aristocracia inglesa.

[56] É bem verdade que este direito de sucessão só foi conquistado após dura batalha com o sucessor de Eduardo, Haroldo, que acabou morto no conflito. Para maiores detalhes sobre esta conquista de Guilherme, recomendamos a leitura da obra de CHURCHILL, Winston S. *História dos povos de língua inglesa*. São Paulo, Ibrasa, 1960, p. 133 e s.

[57] "A elaboração da *comuneley*, direito inglês e comum a toda a Inglaterra, será obra exclusiva dos Tribunais Reais de Justiça, vulgarmente designados pelo nome do lugar

Um dado histórico relevante e que deve ser destacado diz respeito ao *feudalismo* na Inglaterra. Historicamente, foi justamente com Guilherme, o Conquistador, que se desenvolveu o feudalismo nas ilhas britânicas,[58] cujas características eram bem diferentes daquelas encontradas na França, Alemanha e Itália. Por ser um país recém-conquistado, estranho aos olhos dos senhores feudais normandos, que mal falavam o inglês, estes se agruparam em torno do rei Guilherme I, que, por sua vez distribuiu as terras de seu reino em pequenas províncias e de acordo com os serviços a ele prestados, de modo a não permitir que ninguém tivesse poder próximo ao dele – diferentemente do que ocorria com o rei da França.[59] Diante deste cenário, o poder real, ao contrário do que ocorreu com os países da Europa continental, não se enfraqueceu, circunstância que contribuiu para o desenvolvimento da *common law*.

Para o desempenho de suas funções, a monarquia inglesa de origem normanda aprimorou ao longo dos anos um órgão auxiliar do rei, que também existiu em outros países, denominado *curia regis* (cúria real).[60] A *curia regis*, que, de forma incipiente, já existia antes da conquista de Guilherme, o Conquistador, foi o *embrião* de importantíssimas instituições inglesas, tais como o Parlamento e as Altas Cortes de Justiça, que se fixaram em Westminster no século XIII. São estas últimas instituições que mais nos interessam, haja vista que a *common law*, como constantemente reiteramos, se desenvolveu e se desenvolve até hoje no interior dos Tribunais[61] (*judge made law*).

Tendo como principal mola propulsora o interesse econômico da realeza nos lucros gerados pelo exercício da função jurisdicional, os Tribunais Reais de Westminster (Tribunal de Apelação, Tribunal de Pleitos Comuns e Tribunal do Banco do Rei), como intuitivamente já se

---

onde vão estabelecer-se a partir do século XIII, Tribunais de Westminster, DAVID, René; op. cit., p. 359.

[58] *Vide* as considerações de CHURCHILL, Winston S.; op. cit., p. 152 e s., e de Mario G. Losano. *Os Grandes Sistemas Jurídicos*. São Paulo, Martins Fontes, 2007, p. 324.

[59] Ibidem, p. 153.

[60] CHURCHILL, Winston; op. cit., p. 152.

[61] GILISSEN, John; op. cit., p. 207.

poderia antever, eram de difícil acesso. Mesmo com o prestígio que gozavam na sociedade, pelo fato de serem os únicos Tribunais na Inglaterra que possuíam meios para o cumprimento de seus procedimentos e execução de suas decisões,[62] a sua competência era demasiadamente restrita. Para que uma pessoa tivesse solucionado o litígio que submetia à apreciação das mais altas autoridades judiciais, precisaria antes transpor uma série de procedimentos e formalidades. É por esta razão, aliás, que inicialmente as atenções dos ingleses se voltaram a questões *processuais*, e não a questões *substanciais*, relacionadas à elaboração de regras de conduta para a sociedade[63]. *Remedies precede rights* (as garantias precedem os direitos), é a expressão que resume o grande interesse dos ingleses pelo processo[64] e pela formalidade.

Outro dado histórico importante e que reforça a importância do processo no direito inglês e, por consequência na *common law*, foi a Magna Carta de 1215. Este documento, que introduziu a garantia do *due process of law*[65] (originariamente denominada *law of the land*), estabeleceu

---

[62] CHURCHILL, Winston; op. cit., p. 191.

[63] "É necessário que fique clara a importância primordial que as questões de processo tiveram, nestas condições, na Inglaterra. Enquanto no continente os juristas concentravam a sua atenção principalmente na determinação dos direitos e obrigações de cada um (regra substantiva do direito), os juristas ingleses concentravam a sua atenção nas questões de processo"; DAVID, René; op. cit., p. 362. Neste mesmo sentido: [...] o processo aqui é assim mais importante que as regras de direito positivo: *remedies precede rights*. O *common law* elaborou-se com base num número limitado de formas processuais, e não sobre regras relativas ao fundo do direito. É por isso que a estrutura do *common law* é fundamentalmente diferente dos direitos dos países do continente europeu; GILISSEN, John; op. cit., p. 211. Assim também se posiciona Patrícia Perrone Campos Mello; ibidem, p. 15. *Vide* também, CHURCHILL, Winston; op. cit., p. 194.

[64] "O mais importante não foi, na Inglaterra, até o século XIX, determinar que solução, considerada justa, seria dada aos litígios. *Remedies precede rights*. [...] O desenvolvimento do direito inglês foi profundamente marcado pela preeminência das considerações referentes ao processo"; DAVID, René; op. cit., p. 364.

[65] A garantia do *devido processo legal* evoluiu ao longo dos séculos, especialmente nos Estado Unidos, e teve o seu contorno estendido. Atualmente, além de contemplar as históricas garantias processuais, a cláusula do *due process of law* possui um viés substancial (*substantive due process*), ou seja, em seu nome é possível controlar o mérito das decisões estatais. Recomendamos a leitura do valioso artigo da Professora Dinorá Adelaide Musetti Grotti; GROTTI, Dinorá

que o direito dos homens livres somente poderia ser limitado "segundo os procedimentos e por força do direito comumente aceito e sedimentado nos precedentes judiciais, ou seja, pelos princípios e costumes jurídicos consagrados na *common law*".[66]

O apego demasiado ao processo em contraposição à preocupação pela solução justa e racional de determinado litígio – típica dos países de origem romanista –, é a principal razão para que o direito romano não tenha atingido a Inglaterra com a intensidade que pode ser observada nos países continentais.[67]

Consequência interessante deste apego desmedido ao processo foi o tardio desenvolvimento dos cursos de direito nas universidades inglesas. Ao contrário do que ocorreu nos países romanistas, os cursos de direito nas universidades inglesas surgiram a partir do século XVIII (1758, Oxford e 1800, Cambridge), pois, como bem aponta René David, a complexidade e a tecnicidade do processo inglês eram apreendidas pela prática, e não por estudos teóricos.[68] O conhecimento do direito romano, dos princípios para a solução justa de determinado conflito,[69] objetivos primeiros das universidades continentais, além de

---

Adelaide Musetti. *Devido processo legal e o procedimento administrativo*. Cadernos de Direito Constitucional e Ciência Política, São Paulo, n. 22, p. 118, 1998.

[66] SIQUEIRA CASTRO, Carlos Roberto. *O devido processo legal e os princípios da razoabilidade e da proporcionalidade*. 4. ed., Rio de Janeiro, Forense, p. 7.

[67] "A obrigação de se submeterem a quadros processuais rígidos foi a principal razão que, na Inglaterra, impediu uma recepção de conceitos do direito romano [...]"; DAVID, René; op. cit., p. 369. No mesmo sentido John Gilissen: "O *common law* sofreu pouca influência directa do direito romano ou do direito erudito medieval, sobretudo porque é um direito judiciário, no sentido de que resultou do processo das acções em justiça; o recurso ao direito romano como direito supletivo tornou-se assim difícil, quase impossível"; ibidem, p. 208.

[68] "A *common law* considera o processo como uma espécie de torneio no qual o juiz desempenha um papel de simples árbitro"; DAVID, René; op. cit., p. 390. Neste mesmo sentido, John Gilissen: "Os *common lawyers* são antes de mais, práticos, formados com litigantes (*barristers*, advogados); não era necessário ser licenciado em direito por uma universidade para vir a ser *solicitor* (solicitador), *barrister* ou *judge*; ibidem, p. 211.

[69] "O mais importante não foi, na Inglaterra, até o século XIX, determinar que solução, considerada justa, seria dada aos litígios"; DAVID, René; op. cit., p. 364.

inicialmente vetados pelos reis ingleses,[70] não eram úteis para se vencer um processo na Inglaterra.

Este formalismo exagerado do processo e a desconsideração à justiça das decisões dos Tribunais não tardou a incomodar e a provocar mudanças, o que, de certo modo, impediu a ruína da *common law*. Os insatisfeitos com as respostas dos Tribunais Reais de Westminster, a partir do século XV, começaram a recorrer com mais intensidade à prudência do monarca inglês. O rei, visto por seus súditos como fonte de toda a justiça e generosidade,[71] tornou-se uma nova e última instância aos injustiçados.

Seria muita ingenuidade imaginar que o rei resolvia sozinho todos os casos que lhe eram dirigidos. Em verdade, a coroa inglesa, para o exercício desta atividade de revisão das decisões dos Tribunais ou de solução de casos cujas matérias os Tribunais Reais não detinham competência, contava com a valiosa ajuda do *Lord Chanceler*,[72] pessoa que analisava o caso encaminhado e emitia a sua opinião ao rei. As decisões tomadas pelo rei, precedidas da *opinium* do Chanceler, fundavam-se na *equidade* do caso concreto (*equity follows the law*) e se chamavam *writs*. Aliás, foi a equidade que cunhou o nome de um novo ramo do direito que começou a se desenvolver em resposta às injustiças da *common law*: a *equity*.[73]

---

[70] "É verdade que Vacario, glosador civilista que imigrou para a Inglaterra, teve a ideia de fundar em Oxford uma escola de direito para estudar a compilação de Justiniano, que inclusive acabou granjeando relativo prestígio. Todavia, o rei Estéfano I (1151-1154) ordenou o seu fechamento e, mais tarde, em 1234, seguindo a mesma política, um *write* de Henrique III (1216-1272) proibiu o ensino das *leges*, isto é, do direito romano"; CRUZ E TUCCI, José Rogério. *Precedente judicial como fonte do direito*. São Paulo, Revista dos Tribunais, 2004, p. 150.

[71] DAVID, René; op., cit., p. 371.

[72] ATALIBA, Geraldo. *O direito administrativo no sistema do common law*. São Paulo, Instituto de Direito Público, 1965, p. 18.

[73] "Por outro lado, notar-se-á, relativamente à sua natureza e à sua autoridade puramente persuasiva, a flexibilidade deste *jus commune* europeu. A rigidez da *common law*, sistema de direito positivo ligado a considerações de processo, tornou necessária a elaboração de regras, na Inglaterra, ditas regras de *equity*, destinadas a completar e corrigir a *common law*. Uma tal necessidade jamais de fez sentir nos países da família romano-germânica, e todos estes países

A partir da dinastia dos Tudors, no século XVI, aumentou a atuação e autonomia do Chanceler, o que consolidou a teoria da *equity*, que, por se preocupar com a justiça de suas decisões, embebeu-se nos princípios jurídicos substantivos oriundos do direito romano e do direito canônico. Apesar da proximidade que de fato existiu neste momento histórico, o direito romano e o direito canônico não conseguiram sobrepor-se à arcaica *common law*, muito em razão da organização inferior da Chancelaria (leia-se, morosidade) e do forte apoio que o Parlamento deu aos Tribunais Reais.[74] É bem verdade que a *equity*, apesar de não ter se sobreposto a *common law*, foi determinante à sua sobrevivência, pois arejou este ramo do direito inglês, estagnado e impotente às novas demandas sociais em função do apego desmedido ao processo.

Este sistema jurisdicional dualista (Tribunais Reais e Chancelaria) não perduraria para sempre. Com as reformas eleitorais introduzidas em 1832 (= alargamento do direito ao voto), que acabaram por consolidar a democracia na Inglaterra e também a elevar o prestígio da produção legislativa neste país, efetuou-se, entre os anos de 1873-1875, uma grande reforma (*legislativa*)[75] da organização judiciária, denominada *Judicature Acts*. Encerrou-se, com esta lei, a distinção formal entre os Tribunais da *common law* e o Tribunal da Chancelaria (*equity*), o que ocasionou a criação de um Tribunal superior único, denominado *Supreme Court of Judicature*. Além deste novo Tribunal, todas as jurisdições inferiores inglesas poderiam, a partir deste instante, aplicar o *common law* e a *equity*, que não mais se limitava a uma instância recursal. Esta situação, como se pode perceber, foi fundamental para o desenvolvimento do direito inglês e da *common law*, pois a partir deste momento o processo começou a ser simplificado, e as regras substanciais de direito (*substantive law*) ganharam maior importância.

Mesmo com esta possibilidade de todos os órgãos jurisdicionais valerem-se da *common law* e da *equity*, o que foi um avanço significativo

---

ignoram, por consequência, a distinção fundamental inglesa da *common law* e da *equity*"; DAVID, René; op. cit., p. 46.

[74] GILISSEN, John; op. cit., p. 213.

[75] GILISSEN, John; op. cit., p. 215.

ao direito inglês, é importante termos conosco que a *equity* e o aumento da preocupação com as regras substanciais, não alteraram a maneira de pensar do inglês: *o Direito nasce no interior dos Tribunais, pela análise e julgamento de casos concretos (judge made law)*.

Gustav Radbruch, jurista alemão que se radicou na Inglaterra, em razão de sua oposição ao Estado Nazista, resume de uma maneira muito clara a forma de pensar dos ingleses, cujos reflexos podem ser notados no Direito daquele país:

> A natureza do pensamento inglês, que ganhou sábia influência, especialmente, do pensamento de Francis Bacon, pode ser caracterizada pelas palavras "empirismo" ou "indução". O pensamento inglês não tem a tendência de suplantar os fatos por meio da razão; ele busca a razão nas coisas, a razão é a sua "natureza da coisa". Esse senso inglês para os fatos também não costuma fundamentar conclusões na expectativa de fatos futuros; ao contrário, ele deixa que os fatos venham até ele para então decidir oportunamente na sua presença. Ele não confia na fantasia nem no cálculo de situações futuras.[76]

Esta maneira peculiar de pensar o Direito, nitidamente empirista e fruto da história da Inglaterra, opõe-se à maneira de pensar dos países filiados ao sistema romano. Isto porque o inglês vê no caso concreto a única possibilidade de se obter uma solução justa e racional, enquanto os romanistas veem na razão consubstanciada na lei escrita, e não no caso concreto, a maneira mais adequada para se chegar a uma solução justa.[77] Curioso notar que, para nós, filiados à família romana, a estrutura da

---

[76] RADBRUCH, Gustav. *O Espírito do Direito Inglês e a Jurisprudência Anglo-Americana*. Rio de Janeiro, Lumen Juris, 2010, p. 34.

[77] Maria Sylvia Zanella Di Pietro registra a diferença substancial entre os dois sistemas jurídicos: "Uma das diferenças básicas entre os dois sistemas está em que o primeiro tem como fonte principal o direito legislado (*statue law*) e o segundo, o precedente judiciário, ou seja, o direito comum (*common law*) criado por decisões judiciárias"; *Do direito privado na administração pública*. São Paulo: Atlas, 1989, p. 55. Neste mesmo sentido: "O lugar atribuído às decisões judiciarias entre as fontes do direito opõe os direitos da família romano-germânica a *common law* [...]"; DAVID, René; op. cit., p. 147.

common law revela-se dantesca, pois a quantidade de regras de direito, provenientes de casos concretos e que dão origem aos precedentes, é imensa. Mas, para o inglês, a maneira pela qual o Direito é criado, confere-lhe maior segurança jurídica, pois as regras provenientes de normas gerais e abstratas (lei) outorgam maior liberdade ao aplicador do direito, o que aos seus olhos seria algo muito inseguro.[78]

Destarte, a *lógica* que preside cada uma destas duas famílias de sistemas jurídicos é bem diferente uma da outra.[79] Aliás, é isto que as separa na essência. A *common law* vale-se do *método indutivo*,[80] em que se parte de uma premissa particular (caso concreto) para se obter uma conclusão geral, enquanto a família romanista vale-se do *método dedutivo*, em que se parte do geral, universal, para o caso particular.[81] Não há nos países de origem romana ligação entre a criação da regra de direito e o caso particular, mas sim, a ligação daquela com o resultado da atividade do legislador.

---

[78] Robert Filmer afirma que "a diversidade de casos é infinita e impossível de ser regulada por qualquer lei"; *Patriarca o el poder natural y de lospueblos*. Madrid, Instituto de Estudios Políticos 1966, p. 25. *Apud.*, GHIRARDI, Olsen A. *Common Law & Civil Law*. Cordoba, Advocatus, 2007, p. 44.

[79] Olsen A. Ghirardi aponta com muita precisão a diferença essencial entre estes dois sistemas: "Brevemente, la distinción es simple: en el *civil law*, el punto de partida es la *ley*, es el Código, que deberá *aplicarse* al *caso concreto*; en el *common law* el punto de partida es el *precedente*, cuyo principio puede aplicarse al caso concreto. Dicho de otra manera: en el primer caso, el punto de partida es la norma abstracta y universal; en el segundo, es el *caso singular*, que contiene *el principio* a seguir y que sera aplicado a otro caso singular que sigue a aquél. La consecuencia lógica es inevitable: el razonamiento en el *civil law* es primordialmente *deductive*, y por el contrario, en el *common law* es primordialmente *inductivo*, ya que – en primer lugar – hay que buscar el precedente (cuya labor es inductiva)"; ibidem, p. 117-118.

[80] Indução é o procedimento que leva do particular para o geral; ABBAGNANO, Nicola. *Dicionário de Filosofia*. 5. ed., São Paulo, Martins Fontes, 2007, p. 640.

[81] Gustav Radbruch assinala a diferença entre estes dois sistemas jurídicos: "Assim, a cultura jurídica da civilização ocidental se divide em dois âmbitos totalmente diferentes do Direito: os países que recepcionaram o Direito Romano e as codificações criadas mais tarde segundo a imagem do Código Justiniano e, por outro lado, os países do *case law* anglo-saxão. No primeiro caso o legislador é o autor do Direito, no segundo o juiz. Lá, a criação jurisdicional ascende do princípio jurídico para o caso concreto; aqui, do caso concreto para o princípio jurídico. Lá se cria o Direito em razão das leis e do espírito das leis; aqui, em razão da vida jurisdicional e da natureza das coisas"; op. cit., p. 33.

Para o sistema da *common law*, reforcemos, a regra de direito provém da *ratio decidendi* das decisões dos Tribunais, que formam um precedente a ser aplicado aos casos semelhantes futuros.

Mas seria um equívoco muito grande imaginarmos que a lei (*statue law*) não é uma fonte do Direito na *common law*. A lei, para os ingleses, é fonte secundária do Direito, destinada a corrigir eventuais equívocos da *common law*, o que não significa, contudo, que a lei está em posição inferior à *common law*. Em verdade, desde a Revolução Gloriosa de 1688, comandada por Oliver Cromwell, que alterou definitivamente os quadrantes da política inglesa ao consagrar a teoria da soberania parlamentar (*parliamentary sovereignty*),[82] a lei, cuja redação é mais pormenorizada dos que as dos países de tradição romana,[83] é respeitada e cumprida pelos Tribunais e órgãos administrativos. Mudanças implementadas por leis são respeitadas pelos ingleses.[84] Ocorre que, para os ingleses, a lei somente é bem compreendida e aceita após a sua aplicação pelos Tribunais (*common law* em sentido estrito).[85] Noutras palavras: são os precedentes

---

[82] Esta posição sobranceira é tão acentuada para os ingleses, que o autor francês setecentista, Jean-Louis de Lolme cunhou a célebre frase – válida até hoje: "O parlamento inglês é capaz de tudo, só não de transformar uma mulher em um homem e vice-versa". *Vide* também as anotações de CASTRO, Carlos Roberto Siqueira. *O Devido Processo Legal e os Princípios da Razoabilidade e da Proporcionalidade*. 4.ed., Rio de Janeiro, Forense, 2006, p. 12.

[83] Mais detalhista para tentar diminuir a margem de atuação (interpretação) dos Tribunais, que por sua vez sempre interpretam a lei de maneira restritiva; *vide* LOSANO, Mario G. *Os Grandes Sistemas Jurídicos*. São Paulo, Martins Fontes, 2007, p. 334-335.

[84] Anota Geraldo Ataliba: "Quando há conflito entre uma norma do *common law* ou de equidade, enunciada em sentença de um juiz, e uma norma contida em um *statue*, prevalence esta última"; ATALIBA, Geraldo; op. cit., p. 19.

[85] Sobre este ponto, assim assinala René David: "Obra de um parlamento soberano, que representa a nação, as leis merecem um respeito total; elas são aplicadas literalmente pelos juízes. [...] O essencial é que a lei, na concepção tradicional inglesa, não é considerada como um modo de expressão normal do direito. Ela é sempre uma peça estranha no sistema do direito inglês. Os juízes aplicá-las-ão certamente, mas a regra que contém a lei só será definitivamente admitida e plenamente incorporada no direito inglês quando tiver sido aplicada e interpretada pelos tribunais e na forma e na medida em que serão feitas esta aplicação e esta interpretação. Na Inglaterra citar-se-ão logo que possível, noutros termos, em vez do texto de uma lei, as decisões que terão feito aplicação desta lei. Só em presença destas decisões o jurista inglês saberá verdadeiramente o significado da lei, porque só então encontrará

judiciais que interpretarão os dispositivos legais; as leis inglesas, portanto, *são envolvidas por um denso tecido uniforme chamado common law*,[86] *que tem por incumbência mitigar a insegurança jurídica, oriunda das múltiplas interpretações possíveis de determinado enunciado normativo.*

Foi a partir dos séculos XIX e XX – especialmente após a Segunda Guerra Mundial – que houve grande desenvolvimento da *legislação* na Inglaterra, cuja incumbência principal, como dito, era corrigir, reformar e modernizar a *common law*, especialmente no que tange ao processo.[87] Uma das razões para o aumento da influência da lei no direito inglês deu-se em função do desenvolvimento das ideias oriundas do *welfare-state* (Estado de bem-estar social), que exigiam mudanças rápidas na sociedade,[88] algo que a *common law* não estava apta a fazer, pois o Direito era criado e desenvolvido a partir de casos concretos (*judge made law*). Neste ponto, o sistema romanista estava induvidosamente mais apto a aplicar as mudanças introduzidas pelo *welfare-state*.[89]

---

a regra de direito sob o aspecto que lhe é familiar, o da regra jurisprudencial"; DAVID, René; op., cit., p. 434. Maria Sylvia Zanella Di Pietro também segue e tem o mesmo entendimento: "Os direitos filiados a esse sistema tem também como fonte do direito legislado, que é o direito escrito, ao contrário das demais fontes citadas, que compõem o direito não escrito. Em caso de conflito entre este último e a lei, esta é que prevalece. Desse modo, à medida que aumenta o direito legislado, diminui o campo de aplicação do direito não escrito. Mas as decisões proferidas com base na lei passam também a constituir *precedents judiciaries* que vinculam os juízes nas decisões futuras; o mesmo ocorre, nos Estados Unidos, com relação à interpretação judicial da Constituição Federal e das Constituições estaduais. Na Inglaterra, não existe Constituição escrita"; DI PIETRO, Maria Sylvia Zanella; op. cit., p. 55.

[86] RADBRUCH, Gustavo; op. cit., p. 51. Neste mesmo sentido ATALIBA, Geraldo; op. cit., p. 19 e WAMBIER, Theresa Arruda Alvim; op., cit., p. 43.

[87] "Mas, em consequência, o *common law* não é *todo* o direito inglês; o *statue law* (direito dos estatutos, isto é, das leis promulgadas pelo legislador) desenvolveu-se à margem do *common law* e retomou, sobretudo no século XX, uma importância primordial"; GILISSEN, John. op. cit., p. 208.

[88] Registre-se que foi durante o século XX, especialmente após a Segunda Guerra Mundial, que foram introduzidos nos países da *common law* leis que tratavam de questões previdenciárias.

[89] "Para resolver os problemas do *welfare-state*, talvez os direitos românicos do continente europeu, familiarizados com a elaboração legislativa e doutrinal do direito, estejam mais preparados do que o direito inglês. Esboça-se, assim, um movimento de aproximação entre

Outra razão um pouco mais recente para o crescimento da importância da legislação no direito inglês deu-se pelo ingresso do Reino Unido na União Européia, cuja estrutura jurídica pauta-se justamente na legislação (= regras gerais e abstratas).

Esta notável aproximação com o direito continental pela adoção cada vez maior da legislação (*statue law*)[90] não afastou, por óbvio, o sistema da *common law* de sua história, qual seja, a de que o Direito é o resultado da atividade dos Tribunais (*case law*). Os precedentes, não obstante a ascensão da legislação, continuam a ser a fonte principal da *common law*, a sua espinha dorsal. Isto porque, como vimos, a força dos Tribunais ingleses foi a *condição e a causa para o desenvolvimento do direito jurisprudencial* (precedentes), *que constitui a common law*.[91]

Feitas estas observações históricas, passemos agora a analisar com mais detença a marca fundamental da *common law*: os *precedentes*.

1.3.1 Os precedentes judiciais na *common law* e a consequência lógica de seu uso: *stare decisis et non quieta movere*

Falou-se até o momento que o Direito na *common law* nasce *principalmente* das regras e dos princípios obtidos a partir da solução de casos concretos, ou seja, os *precedentes*, diferentemente do que ocorre nos países filiados ao sistema romano, são a principal fonte do direito naquele sistema jurídico. Mas o que são os precedentes judiciais e qual a principal consequência de sua adoção?

---

o direito inglês e o direito do continente europeu;" [...]; DAVID, René; op. cit., p. 379. Neste mesmo sentido John Gilissen; op. cit., p. 215.

[90] *Statue Law* é o "direito dos estatutos", ou seja, o direito das leis promulgadas pelo legislador.

[91] "A concentração do poder judiciário foi, na Inglaterra, a condição e a causa do desenvolvimento do direito jurisprudencial, que constitui a *common law*. A concentração da justiça administrativa no Conselho de Estado tem tido, na França, o mesmo efeito no que se refere à elaboração do direito administrativo. Evitando-se contrariedade das decisões de justiça, reforça-se indubitavelmente a autoridade da jurisprudência, mais do que se garante a 'correta aplicação' da lei"; DAVID, René; op. cit., p. 159.

Para nós, *precedente judicial* nada mais é do que o núcleo de uma decisão judicial, denominado *ratio decidendi*, da qual se extrai, por indução, determinada tese jurídica sobre situações fáticas e jurídicas, e que guiará, de maneira obrigatória (vinculante) ou meramente persuasiva, o julgamento de casos posteriores e substancialmente similares.[92] A *ratio decidendi*, em suma, é a regra de direito *extraída dos fundamentos determinantes de um julgado*, a *rule of law*, de *parte* do sistema da *common law*, que ainda conta, como vimos, com o chamado *statue law*.

Importante frisarmos que as decisões judiciais que servirão de paradigma para a solução de casos posteriores e substancialmente similares não são compostas apenas de *ratio decidendi*. A *ratio decidendi* é o núcleo de um precedente mas em seu entorno, gravitando em sua órbita, existe o chamado *obiter dictum* (ou *obter dicta*), que nada mais é do que a "passagem da motivação do julgamento que contém argumentação marginal ou simples opinião, prescindível para o deslinde da controvérsia".[93] O *obiter dictum*, ao contrário da *ratio decidendi*, não tem a potencialidade jurídica de vincular a solução de casos posteriores.[94]

Ora, um sistema jurídico em que as normas jurídicas nascem prioritariamente da solução de casos concretos, não se sustentaria se as teses jurídicas (= *ratio decidendi*) obtidas em determinado julgamento não fossem respeitadas pelos magistrados que se deparam com casos similares àqueles outrora solucionados. *Portanto, o respeito aos precedentes judiciais é a pedra de toque do sistema da common law; é a consequência lógica da adoção deste sistema jurídico.* Deveras, tudo estaria perdido se, a cada caso levado à apreciação do Poder Judiciário, houvesse decisões diferentes, pois a *common law* rumaria para um estado de intensa e perene *antinomia* entre suas regras, algo intolerável para um sistema que tem na segurança jurídica e na igualdade seus pilares mais destacados.[95]

---

[92] Para Olsen A. Ghirardi, precedente é "una decisión judicial que contieneun principio. Este principio subyacente, en la forma enunciada en la sentencia que constituye precedente, es element de autoridad que *justifica* y es denominado *ratio decidendi*"; ibidem, p. 48.

[93] CRUZ E TUCCI, José Rogério; op. cit., p. 177.

[94] DAVID, René; op. cit., p. 430.

[95] Assinala Gustavo Santana Nogueira: "A partir do momento em que a *common law* segue a linha do *judge made law*, se não houvesse a vinculação aos precedentes o sistema ruiria.

PRECEDENTES ADMINISTRATIVOS NO DIREITO BRASILEIRO

Muito embora o respeito aos precedentes seja a espinha dorsal do sistema da *common law*, anotam os estudiosos deste sistema que, ao longo de sua evolução tal respeito não se deu com a mesma intensidade.[96] É claro que sempre existiu no inconsciente dos cidadãos e dos magistrados ingleses a ideia de que casos iguais devem ser solucionados da mesma maneira[97] (= os precedentes devem ser respeitados), sob pena de instaurar-se um odioso estado de injustiça, derivada do tratamento desigual, e de insegurança jurídica. Existia, portanto, uma tradição acerca da eficácia vinculante dos precedentes. Todavia, o entendimento de que os juízes *devem* observar o núcleo das decisões anteriores (*rule of precedent*), ou seja, as regras criadas pelos seus predecessores, só se firmou na história da *common law* a partir da segunda metade do século XIX.

Alf Ross discorre com muita propriedade sobre esta evolução da vinculação dos precedentes na *common law*:

Considerando que a regra de direito é feita em cada caso concreto, é absolutamente fundamental que haja vinculação aos precedentes. É não só uma fonte do direito, mas sim uma questão de sobrevivência para manter o sistema seguro e coeso"; NOGUEIRA, Gustavo Santana. *Stare decisis et non quieta movere:* a vinculação aos precedentes no direito comparado e brasileiro. Rio de Janeiro, Lumen Juris, 2011, p. 19.

[96] "A obrigação de recorrer às regras que foram estabelecidas pelos juízes (*stare decisis*), de respeitar os precedentes judiciários, é o correlato lógico de um sistema de direito jurisprudencial. Contudo, a necessidade de certeza e de segurança não foi sentida sempre no mesmo grau, e só depois da primeira metade do século XIX é que a regra do precedente (*rule of precedent*), impondo aos juízes ingleses o recurso às regras criadas pelos seus predecessores, rigorosamente se estabeleceu. Anteriormente a esta época houve a preocupação de assegurar a coesão da jurisprudência e considerou-se, cada vez mais frequentemente, o que tinha sido julgado para encontrar a solução que comportava um litígio, mas nunca se tinha adotado o princípio de que fosse rigorosamente obrigatório seguir os precedentes. A tendência legalista do século XIX, à qual se liga na França a escola da exegese, conduziu a Inglaterra, à submissão a uma regra mais estrita do precedente. O estabelecimento, pelos *Judicature Acts*, de uma hierarquia judiciária mais sistemática e o melhoramento da qualidade das compilações jurisprudenciais contribuíram para produzir o mesmo resultado"; DAVID, René; op. cit., p. 428.

[97] Registre-se que a Magna Carta de 1215 previa a denominada *equal protection of the law*, que certamente contribuiu para que os precedentes fossem respeitados, sob pena de violação da referida cláusula.

Já no século XIII tornou-se usual citar precedentes e no seu famoso *Note Book*, Bracton colecionou dois mil casos, quase certamente para finalidade prática. Originalmente não se entendia que o juiz estivesse obrigado por eles. A doutrina anglo-saxônica desenvolveu-se muito gradualmente e assumiu uma forma mais definida nos séculos XVII e XVIII. Porém, a ausência de uma organização hierárquica homogênea dos tribunais e o estado das coleções jurídicas impediram que a doutrina alcançasse seu pleno desenvolvimento. Estas deficiências foram remediadas recentemente no século XIX.[98]

A teoria oitocentista da *stare decisis et non quieta movere* (= mantenha-se a decisão e não moleste o que foi decidido), que consagrou o efeito vinculante dos precedentes – quer quando o juiz cria o direito a partir do caso concreto (*judge made law*), quer quando o juiz interpreta e aplica uma lei –,[99] veio a lume a partir do movimento legalista na Europa e, principalmente, pela edição dos já mencionados *Judicature Acts* (1873-1875), que reformaram o sistema Judiciário inglês. Esta reforma, por ter otimizado a estrutura hierárquica do Judiciário inglês, possibilitou a melhora de algo fundamental à prática da *common law: a compilação de seus julgados.*

Com os *Judicature Acts,* firmou-se em definitivo o entendimento de que um precedente proveniente de uma Corte Superior vincula este mesmo órgão (eficácia interna ou horizontal do precedente) e aqueles que lhe são hierarquicamente inferiores (eficácia externa ou vertical do precedente).[100] Este importantíssimo entendimento se fixou a partir do julgamento do caso *London Tramways Company v. London County Concil*, realizado em 1898[101] –, posteriormente abrandado em 1966, conforme veremos a seguir.

No que se refere à compilação dos julgados, destaque-se que, desde o século XV, os ingleses registram sua *memória judicial* em livros

---

[98] ROSS, Alf. *Direito e justiça*. São Paulo, Edipro, 2003, p. 112.
[99] DAVID, René; op. cit., p. 431.
[100] CRUZ E TUCCI, José Rogério; op. cit., p. 170.
[101] MELLO, Patrícia Perrone Campos; op. cit., p. 21.

outrora denominados *Year Books* (1495)[102] e "atualmente" conhecidos por *Law Reports*.[103] Nestes livros, há a transcrição literal de determinados casos e o seu julgamento, de modo a facilitar os estudos e a localização de precedentes.[104] São tão relevantes à *common law* quanto os códigos para os juristas da família romana.[105]

José Rogério Cruz e Tucci,[106] um dos principais estudiosos do tema dos precedentes no Brasil, assinalou que a partir de 1897, os critérios para a seleção dos julgados a serem inseridos no *Law Reports* passaram a ser os seguintes: *a)* casos em que haja o aparecimento de um novo princípio ou regra; *b)* casos em que haja a modificação substancial de um princípio ou regra; *c)* casos em que a solução judicial dirime ponto duvidoso de determinada lei; *d)* casos em que haja interesse instrutivo.

Conforme adiantamos, a regra do *stare decisis* foi abrandada ao longo do tempo. Inicialmente, na *common law* inglesa, a teoria do *stare decisis* era aplicada com rigor absoluto, ou seja, devia-se, sob pena de nulidade, observar os precedentes proferidos pelas instâncias superiores. *Esta observância obrigatória valia tanto para as instâncias inferiores, como para o órgão hierarquicamente superior donde provinha determinado precedente* (= eficácia vertical e horizontal).

Sucede, porém, que este rigor não perdurou por muito tempo. Em 1966, o Lord Chancellor Gardiner, integrante do *House of Lords*, à época o tribunal britânico de maior hierarquia,[107] posicionou-se, através de

---

[102] CHURCHILL, Winston; op. cit., p. 196.

[103] "Os precedentes estão reunidos nos diversos volumes dos *law reports*. Já no ano de 1916, a *Harvard Law School Library* contava com 6.540 volumes dos *reports* britânicos; além desses, ainda volumes de *reports* canadenses, australianos e das demais colônias, ainda outros 13.350 *reports* Americanos, somando um total de 23.215"; RADBURCH, Gustav; op. cit., p. 56.

[104] CRUZ E TUCCI, José Rogério; op. cit., p. 155.

[105] LOSANO, Mario G. *Os Grandes Sistemas Jurídicos*. São Paulo, Martins Fontes, 2007, p. 339.

[106] Ibidem, p. 163.

[107] Com as reformas introduzidas em 2005 (*Constitucional Reform Act*), por força da participação da Inglaterra na União Europeia, o tribunal de maior hierarquia passou a ser, a partir de 2009, a *Supreme Court of the United Kingdon*. Retirou-se este *status* da *House of Lourds*, pois aos olhos da comunidade internacional o fato deste órgão estar ligado ao Parlamento inglês, poderia

um *Practice Statement*, pela possibilidade dos precedentes serem modificados, revogados e invalidados, nos seguintes termos:

> Suas Excelências consideram o uso do precedente como um fundamento indispensável com base no qual se decide o que é o direito e como deve ser aplicado ao caso concreto. Ele proporciona, ao menos, algum grau de certeza sobre como os indivíduos devem conduzir seus negócios e constitui uma base para o desenvolvimento de normas.
>
> Entretanto, Suas Excelências reconhecem que a adesão muito rígida ao precedente pode gerar injustiças em casos específicos e restringir indevidamente o desenvolvimento do direito. Eles propõem, por isso, modificar a prática atual, de modo a que possa divergir de uma decisão anterior desta Casa, quando parecer correto fazê-lo, ainda que tratem os julgados como vinculantes em regra.[108]

Foi diante deste cenário que se fortaleceram na *common law* mecanismos aptos a mitigar o rigor do *stare decisis*. São estes instrumentos, fundamentais não apenas para os precedentes judiciais, mas também para os precedentes administrativos, que passaremos a analisar.

1.3.2 A superação de precedentes na *common law*

Como vimos, a regra do *stare decisis* é fundamental para a sustentação da *common law*, pois é com ela que se preservam os basilares princípios da segurança jurídica, em sua vertente da proteção da confiança, e da igualdade.

---

comprometer a sua independência, principalmente no que se refere à aplicação de tratados internacionais, como o *Human Rights Act* (1998). A preocupação da comunidade internacional é pertinente, pois, como sabemos, o Parlamento inglês detém muita força, muito em função de não vigorar a Inglaterra, pelo menos até a edição do *Human Rights Act* e da *Constitucional Reform Act*, a teoria do *judicial review*. Sobre este ponto, ver MELLO, Patrícia Perrone Campos; op. cit., p. 30-31.

[108] MELLO, Patrícia Perrone Campos; op. cit., p. 22.

Todavia, como também assinalamos ao final do item anterior, o rigor do *stare decisis* foi abrandado ao longo dos anos, tanto na Inglaterra quanto nos Estados Unidos – neste com maior intensidade e anterioridade –, pois o *dever* irrestrito e absoluto de serem observados os precedentes poderia conduzir novamente a *common law* ao ostracismo, tal como ocorrera à época da formação da *equity*. Interpretações equívocas de leis, conclusões precipitadas sobre determinados fatos e a mudança de valores de uma sociedade cada vez mais dinâmica e cambiante, fazem com que o Direito precise se reinventar constantemente, sob pena de tornar-se obsoleto.[109] Daí a razão pela qual arraigou-se nos países da *common law* a ideia de que os precedentes podem ser *superados* (= revogação).

Diante deste cenário, revelador da inconsistência da compreensão absolutista do *stare decisis*, oxigenou-se novamente a *common law* com a possibilidade de superação dos precedentes considerados ultrapassados, assim como da extirpação daqueles tidos como equivocados.

Na *common law*, o mecanismo de *superação* de precedentes recebe a designação de *overruling*, que é a técnica empregada pelos países filiados à *common law* para extirpar de seu sistema jurídico precedentes inválidos, obsoletos e ineficazes frente ao desenvolvimento da sociedade (= ineficácia social).

Do mesmo modo que preferimos quando nos deparamos com a revogação de uma lei, a superação de um precedente na *common law* ocorre preferencialmente de maneira *expressa* (*express overruling*).[110] Contudo, apesar de não usual, os precedentes também podem ser superados implicitamente (*implied overruling*),[111] ou seja, no bojo de um novo

---

[109] CRUZ E TUCCI, José Rogério; op., cit., p. 178.

[110] No direito brasileiro, a revogação de leis também se dá preferencialmente de maneira expressa (BRASIL. Lei Complementar n. 95, de 26 de fevereiro de 1988. Dispõe sobre a elaboração, a redação, a alteração e a consolidação das leis, conforme determina o parágrafo único do art. 59 da Constituição Federal, e estabelece normas para a consolidação dos atos normativos que menciona. Brasília, *Diário Oficial da União*, 27 fev. 1998, art. 9º, Lei Complementar 95/98).

[111] CRUZ E TUCCI, José Rogério; op. cit., p. 179.

julgamento não se faz qualquer referência ao outrora *leading case* sobre determinado assunto.

É possível também, da mesma forma do que ocorre com as leis, que um precedente não seja superado integralmente (= ab-rogação), mas apenas parcialmente. A esta *derrogação* de determinado precedente, dá-se o nome de *overriding*.

Outro dado relevantíssimo sobre a superação de precedentes refere-se aos seus efeitos temporais. Em seu precioso estudo, Patrícia Perrone Campos Mello[112] assinala a existência dos seguintes efeitos:

a) eficácia retroativa plena (*full retroactive application*): os efeitos da revogação operam-se *ex tunc* e incidem sobre todos os casos já julgados (coisa julgada) e ainda não julgados;

b) eficácia retroativa parcial (*parcial retroactive application*): os efeitos da revogação operam-se *ex tunc*, mas não atinge os casos já julgados ou aqueles sobre os quais pese alguma proteção normativa;

c) eficácia prospectiva pura (*full prospective application*): é a nossa conhecida *modulação dos efeitos*[113], em que os efeitos do novo julgamento operam-se *ex nunc*, ou seja, valem apenas para os casos futuros. Não atingem as partes envolvidas no caso, tampouco aqueles casos anteriores ao julgamento, já ajuizados ou não;

d) eficácia prospectiva parcial (*partial prospective application*): os efeitos da revogação operam-se *ex nunc*, mas atingem as partes envolvidas. Os eventos ocorridos antes da decisão ainda são regidos pelo precedente superado.

A atribuição de determinado efeito ao precedente que supera seu predecessor leva em consideração o embate entre a segurança jurídica e

---

[112] CRUZ E TUCCI, José Rogério; op. cit., p. 261.

[113] BRASIL. Lei n. 9.868, de 10 de novembro de 1999. Dispõe sobre o processo e julgamento da ação direta de inconstitucionalidade e da ação declaratória de constitucionalidade perante o Supremo Tribunal Federal. Brasília, *Diário Oficial da União,* 11 nov. 1999, art. 27.

o progresso do Direito. O resultado deste embate dependerá, de modo semelhante ao que ocorre no Brasil com a modulação dos efeitos,[114] do caso concreto e de sua relevância dentro do sistema da *common law*.

É imperioso registrarmos que a superação de um precedente exige do julgador uma alta carga *argumentativa*. Em outras palavras: *a não observância de um precedente, porque superado, exige amplíssima motivação*, em função da regra do *stare decisis* e dos princípios da isonomia e da segurança jurídica[115]. *Isto ocorre porque, a carga da argumentação daquele que deseja ver superado determinado precedente está intimamente relacionada com o seu dever jurídico de respeitar os precedentes.*

Uma coisa é não possuir o dever jurídico de observar os precedentes. Coisa bem distinta é estar vinculado a precedentes e poder superá-los. No primeiro caso, bastaria para a inobservância do precedente a apresentação de uma tese jurídica contrária ao precedente. No segundo caso, além da apresentação da tese jurídica contrária, deve o interessado demonstrar a necessidade de superar o precedente e enfrentá-lo com intensidade argumentativa.[116] *Deve-se demonstrar a superioridade das razões para a superação do precedente.*

---

[114] Advirta-se que o Código de Processo Civil de 2015 prevê a possibilidade de modulação dos efeitos (art. 927, § 3º).

[115] Sobre a carga argumentativa, são preciosas as palavras de Misabel Derzi: "Ou seja, os princípios da igualdade e da segurança jurídica impõem que a sentença seja obrigatoriamente fundamentada, sob pena de nulidade (como dispõe o artigo 93, IX, da Constituição). E a mesma fundamentação deverá nortear idênticas decisões futuras, em casos idênticos. Permitir a alteração do juízo sem a demonstração das diferenças em um novo caso concreto posterior, seria consentir no arbítrio e no querer qualquer judicial, em franca ruptura do sistema. Essa abertura, provocada pela inconsistência de fundamentação e pelo falseamento dos precedentes, projeta as decisões judiciais para o campo do casuísmo, da política, das razões de Estado, e dos interesses econômicos, como heterodeterminação do sistema, afrontosa à isonomia e à segurança. [...] Isso significa que a fundamentação inerente à decisão judicial e, mais ainda, a fundamentação necessária à modificação da jurisprudência deve ser muito mais rigorosa e precisa. Ela é verdadeiro encargo de fundamentação"; DERZI, Misabel. *Modificações da jurisprudência no direito tributário*. São Paulo, Editora Noeses, 2009, p. 286-287.

[116] Sobre este ponto, Luiz Guilherme Marinoni: "A diferença entre ser vinculado e poder revogar os seus precedentes e não ser vinculado aos seus próprios precedentes é grande. Significa que a Corte apenas pode revogar os seus precedentes com base em critérios específicos, devidamente demonstrados nas decisões revogadoras. Quer dizer, em outras palavras, que a Corte tem um duplo ônus argumentativo para poder revogar os seus precedentes. Não basta à Corte apenas analisar o caso sob julgamento, cabendo-lhe analisar e demonstrar a presença de critérios que justifiquem a revogação do precedente"; MARINONI, Luiz Guilherme. *Precedentes Obrigatórios*. São Paulo, Editora Revista dos Tribunais, 2010, p. 512.

Ademais, a alta carga argumentativa é necessária, pois todos aqueles que irão se submeter ao novo precedente precisam conhecer as razões de fato e de direito que justificaram a superação do precedente anterior.[117]

Outro dado interessante a ser registrado é que o mecanismo do *overruling* não é uma exclusividade do Poder Judiciário. Esta técnica de superação de precedentes também pode ser empregada pelo *legislador*, através da edição de uma lei sobre assunto ainda não legislado ou, ainda, da mudança de uma lei já existente.

Por fim, julgamos oportuno ilustrarmos este item com um caso de grande repercussão e que demostra a possibilidade (e a necessidade) dos precedentes serem superados (= revogados). O caso que consideramos paradigmático é o conhecidíssimo julgamento da Suprema Corte Americana, *Brown v. Board of Education* (1954).

Até o pronunciamento da Suprema Corte neste caso, vigorava nos Estados Unidos um *precedente* de 1896 (*Plessy v. Fergusson*),[118] que

---

[117] Neste sentido, José Rogério Cruz e Tucci: "Não obstante, o 'abandono' do *precedente*, sobretudo no ambiente de uma experiência jurisdicional dominada pelo *case law*, exige do órgão judicial uma carga de argumentação que supõe não apenas a explicação ordinária das razões de fato e de direito que fundamentam a decisão, mas, ainda, justificação complementar. [...] Não pode, pois, ser desprezada sem uma motivação satisfatória"; (op. cit., p. 180-181). Também são relevantes as palavras de Misabel Abreu Machado Derzi: "Ou seja, os princípios da igualdade e da segurança impõem que a sentença seja obrigatoriamente fundamentada, sob pena de nulidade (como dispõe o artigo 93, IX, da Constituição. E a mesma fundamentação deverá nortear idênticas decisões futuras, em casos idênticos. Permitir a alteração do juízo sem a demonstração das diferenças em um novo caso concreto posterior, seria consentir no arbítrio e no querer qualquer judicial, em franca ruptura do sistema. Essa abertura, provocada pela inconsistência de fundamentação e pelo falseamento dos precedentes, projeta as decisões judiciais para o campo do casuísmo, da política, das razões de Estado, e dos interesses econômicos, com heterodeterminação do sistema, afrontosa à isonomia e à segurança. [...] Isso significa que a fundamentação inerente à decisão judicial e, mais ainda, a fundamentação necessária à modificação da jurisprudência deve ser muito mais rigorosa e precisa; ibidem, p. 287.

[118] Sobre este caso, assim anotou Edward S. Corwin: "Em 1896 decidiu-se, no caso Plessy v. Ferguson, que era razoável [...] acomodações separadas nas estradas de ferro para brancos e pretos, desde que a qualidade dessas acomodações oferecidas às duas raças fosse substancialmente igual; *estendeu*-se, a seu devido tempo, a mesma regra às instituições públicas de ensino"; CORWIN, Edward S. *A Constituição Norte-Americana e seu significado atual*. Rio de Janeiro, Jorge Zahar Editor,1986, p. 322.

consagrou a doutrina do *separate but equal* (separados mas iguais). De acordo com esta doutrina, baseada em interpretação da Constituição de 1787, seria moral e juridicamente válida a segregação entre negros e brancos em certos locais (*v.g.*, escolas, banheiros, cinemas, teatros, transporte público), desde que tal separação oferecesse a ambas as raças as mesmas oportunidades e condições. Assim, havendo as mesmas oportunidades e condições, o tratamento jurídico diferenciado seria válido à luz do princípio da igualdade.[119]

O estopim para a derrocada da segregação racial nos Estados Unidos iniciou-se no Condado de Claredon, Estado da Carolina do Sul, mais precisamente na escola estadual Scott's Branch, frequentada apenas por crianças negras.

O evento que deflagrou o caso em exame deu-se a partir da negação de um singelo pedido de fornecimento de ônibus escolares para as crianças da mencionada escola, as quais diariamente eram obrigadas a caminhar muitos quilômetros.

Descontentes com a negativa, os moradores daquela região, representados e influenciados pelo advogado Thurgood Marshall, propuseram ação judicial em face do Estado da Carolina do Sul, com o objetivo de não apenas exigir o mesmo tratamento entre alunos negros e brancos, mas principalmente o de extirpar a segregação racial das escolas daquele Estado e, por conseguinte, de todo o país.

O fundamento legal utilizado para combater a lei do Estado da Carolina do Sul que proibia o convívio escolar de alunos de raças diferentes era a Emenda Constitucional n. 14,[120] que assegurou a todos os cidadãos daquele país, em 1868, a denominada *equal protection of the laws*.

---

[119] Earl Warren, *Chief of Justice* da Suprema Corte dos EUA, assim definiu a referida doutrina: "Under that doctrine, equality of treatment is accorded when the races are provided substantially equal facilities, even though these facilities be separete". (ESTADOS UNIDOS DA AMÉRICA. Suprema Corte. *Brown v. Board of Education*, 347 U.S. 483, julgado em 17 mai. 1954).

[120] "Todas as pessoas nascidas ou naturalizadas nos Estados Unidos e sujeitas à sua jurisdição são cidadãs dos Estados Unidos e do Estado em que residem. Nenhum Estado fará ou

Emenda esta, registre-se, curiosamente promulgada com a *intenção original de beneficiar os negros libertos*, conforme anota Edward S. Corwin,[121] e editada anteriormente ao caso *Plessy v. Fergusson* (1896).

Em função da natureza constitucional da matéria, o caso foi levado à apreciação da Suprema Corte americana, que desde o caso *Plessy v. Ferguson* (1896), confirmava reiteradamente a constitucionalidade da doutrina do *separate but equal*.

Com o objetivo de comprovar a impossibilidade de haver *segregação igualitária*, o advogado Thurgood Marshall solicitou a análise psicológica de alguns alunos que estudavam em escolas segregadas. Os resultados obtidos com o famoso *teste das bonecas*,[122] confirmaram que os alunos negros se sentiam inferiorizados com a segregação e que este sentimento influía negativamente em seu desenvolvimento.

Mesmo com todas as provas e fundamentos jurídicos apresentados, a Suprema Corte, no início do julgamento, sinalizava que o caso *Brown v. Board of Education* teria o mesmo destino de todos os que o antecederam: manutenção do *precedente* que estabelecera a doutrina do *separate but equal*.

A reviravolta no caso começou com a morte repentina, em 1953, do *Chief of Justice* Frederick Moore Vinson, que era visto como a pessoa capaz de influenciar toda a Corte a manter o entendimento consagrado desde o caso *Plessy v. Ferguson*. Com a sua morte, o presidente dos Estados Unidos à época, Dwight David Eisenhower, nomeou o então governador do Estado da Califórnia, Earl Warren, como novo *Chief of Justice*.

---

executará qualquer lei restringindo os privilégios ou imunidades dos cidadãos dos Estados Unidos; nem privará qualquer pessoa da vida, liberdade ou propriedade sem processo legal regular (*due process of law*); nem negará a qualquer pessoa dentro de sua jurisdição a igual proteção das leis (*equal protection of the laws*)".

[121] Ibidem, p. 322.

[122] O teste das bonecas consiste em apresentar a diversas crianças negras bonecas negras e brancas. Posteriormente, pede-se à criança que identifique a boneca negra e a boneca branca. Logo em seguida, inicia-se uma série de perguntas acerca da beleza das bonecas, qual delas é a boneca má e qual delas é a melhor. Ao ser realizado este teste no caso *Brown v. Board of Education*, a grande maioria das respostas foram favoráveis à boneca negra, o que revela a baixa autoestima causada pela segregação racial.

Earl Warren, ao se deparar com o caso *Brown v. Board of Education*, concluiu, mesmo não tendo formação jurídica, que a doutrina do *separate but equal* não possuía guarida constitucional e, portanto, deveria ser eliminada das escolas públicas americanas.

Após ressaltar a importância da educação para o desenvolvimento de seu país, Earl Warren foi categórico ao afirmar:

> [...] Separá-los de outros com idade e qualificações similares, somente pela raça, gera um sentimento de inferioridade, assim como em relação ao seu status na comunidade, o que afeta seus corações e mentes de uma forma improvável de ser um dia desfeita.
>
> O efeito desta separação pelas oportunidades educacionais foi bem estabelecido através de um caso encontrado no Kansas por uma corte que, não obstante, sentiu-se obrigado a governar contra os negros demandantes: segregação entre as crianças brancas e negras nas escolas públicas têm um efeito prejudicial sobre a criança negra. O impacto é maior quando têm-se a sanção da lei, a política de separação de raças é geralmente interpretada como denotação de inferioridade do grupo negro. Um senso de inferioridade afeta a motivação de uma criança para aprender. Segregação com a sanção da lei, entretanto, tem uma tendência para retardar o desenvolvimento educacional e mental das crianças negras e de privá-las de alguns benefícios que elas poderiam receber em um sistema de escola integrada racialmente.
>
> [...]
>
> Nós concluímos que, no campo da educação pública, a doutrina dos "separados mas iguais" não tem lugar. Instrumentos de separação educacional são inerentemente desiguais. Nós acreditamos que os demandantes e outros que se encontram na mesma situação, são privados de igual proteção das leis, garantido pela Décima Quarta Emenda. [...]".[123]

---

[123] ESTADOS UNIDOS DA AMÉRICA. Suprema Corte. *Brown v. Board of Education*, 347 U.S. 483, julgado em 17 mai. 1954. No original: [...] To separate them from others of similar age and qualifications solely because of their race generates a feeling of inferiority as to their status in the community that may affect their hearts and minds in a way unlikely ever to be

Com estes argumentos e após um exaustivo trabalho de bastidores, Earl Warren conseguiu a unanimidade no julgamento. Todos os juízes da Suprema Corte votaram pelo fim da doutrina do *separate but equal*, e, assim, deram um passo importante para a derrocada da segregação racial nos Estados Unidos.

Houve, portanto, o *overruling* do precedente *Plessy v. Fergusson*.

1.3.3 A técnica das distinções de precedentes na *common law*

Sabendo-se que os precedentes vinculam, estes podem ser afastados quando for demonstrado que o precedente deve ser *superado*, mas também quando demonstrar-se que o caso concreto possui peculiaridades que afastam a *incidência* de determinado precedente (e não a sua superação). A esta técnica de se afastar precedentes em virtude de peculiaridades do caso concreto, que não permitem o seu enquadramento na hipótese de incidência do precedente, dá-se o nome de *distinções* (*distinguishing*).

A *técnica das distinções* é fundamental para a *common law*. Como, via de regra, não se interpretam leis para a solução de conflitos, mas, pelo contrário, invocam-se os precedentes para se encontrar a solução

---

undone. The effect of this separation on their educational opportunities was well stated by a finding in the Kansas case by a court which nevertheless felt compelled to rule against the Negro plaintiffs: Segregation of white and colored children in public schools has a detrimental effect upon the colored children. The impact is greater when it has the sanction of the law, for the policy of separating the races is usually interpreted as denoting the inferiority of the negro group. A sense of inferiority affects the motivation of a child to learn. Segregation with the sanction of law, therefore, has a tendency to [retard] the educational and mental development of negro children and to deprive them of some of the benefits they would receive in a racial[ly] integrated school system. [...] We conclude that, in the field of public education, the doctrine of "separate but equal" has no place. Separate educational facilities are inherently unequal. Therefore, we hold that the plaintiffs and others similarly situated for whom the actions have been brought are, by reason of the segregation complained of, deprived of the equal protection of the laws guaranteed by the Fourteenth Amendment. This disposition makes unnecessary any discussion whether such segregation also violates the Due Process Clause of the Fourteenth Amendment. [...]"

ao caso, estes podem ser afastados quando houver uma diferença importante entre o caso em análise e o seu predecessor. A atividade desempenhada pelo intérprete, portanto, é a de comparação de casos (*reasoning from case to case*).

Como se nota, a técnica das distinções está induvidosamente ancorada no princípio da isonomia, pois, segundo ela, casos diferentes devem ser tratados de maneira diferentes. Em outras palavras: *se os casos são diferentes, por exigência do princípio da isonomia, não se pode aplicar a mesma solução jurídica*. Apenas casos iguais devem ser tratados do mesmo modo.

Naturalmente que a peculiaridade do caso concreto deve ser relevante para que seja empregada a técnica das distinções. Não é qualquer diferença que ocasionará o afastamento de determinado precedente, mesmo porque, como bem registra Gustavo Santana Nogueira,[124] todos os casos submetidos ao Judiciário possuem diferenças entre si. Nenhum caso é, por óbvio, idêntico ao outro.

O conceito de precedentes judiciais que apresentamos alhures destaca que o importante para um precedente é a *similitude substancial* de seu suporte fático com o caso em análise, e não a sua identidade absoluta. Assim, na hipótese do caso *sub examine* contiver peculiaridades relevantes, o precedente que inicialmente se imaginou incidir deverá ser afastado, o que resultará na aplicação de um outro precedente (caso exista e se adeque ao caso concreto) ou na elaboração de um novo precedente *(original precedente)*.[125]

Por outro lado, é possível que uma nova situação, não contemplada no precedente que se utilizada como paradigma, possa por ele ser regulado. Para que esta *interpretação extensiva* do precedente ocorra, basta que a nova situação, fruto do dinamismo da sociedade, possua *similitude*

---

[124] NOGUEIRA, Gustavo Santana. *Stare Decisis et Non Quieta Movere: A vinculação aos precedentes no Direito Comparado e Brasileiro*. Rio de Janeiro, Lumen Juris, 2011, p. 200.

[125] Os autores da *common law* denominam a situação em que a técnica das distinções ocasiona a elaboração de um novo precedente de *hard case* ou *cases of first impression*.

substancial com o precedente paradigmático. Seria o caso, por exemplo, de se estender o *overruling* ocorrido no caso *Brown v. Board of Education*, para situações também marcadas pela segregação racial (*vg.*, hospitais, banheiros, cinemas etc.).

Obviamente que a possibilidade de se utilizar a técnica das distinções não significa que o aplicador do direito possui um *cheque em branco* para afastar precedentes. Deveras, da mesma forma que ocorre com a superação dos precedentes, por ser considerado equivocado, ultrapassado ou inválido, o emprego da *técnica das distinções* exige do aplicador uma alta carga argumentativa (= motivação).[126] Isto porque, deve o aplicador demonstrar que a peculiaridade do caso em exame é substancial, a ponto de justificar a não aplicação de determinado precedente, em observância ao princípio da igualdade.

Feitas estas considerações, tratemos da possibilidade dos precedentes judiciais serem utilizados nas famílias romanistas.

---

[126] MARINONI, Luiz Guilherme; op. cit., p. 327. *Vide* também art. 489, § 1º, VI, Código de Processo Civil de 2015.

2
OS PRECEDENTES JUDICIAIS NA FAMÍLIA ROMANISTA

2.1 PRECEDENTES JUDICIAIS NA FAMÍLIA ROMANISTA

Como vimos no capítulo anterior, a principal fonte de direito dos países que pertencem à família romana é a *lei*, norma jurídica geral e abstrata editada pelo legislador[127] que estabelece *originariamente* as condutas a serem observadas pelos partícipes da sociedade. É o princípio da legalidade, portanto, a espinha dorsal dos países filiados ao sistema romano, mormente quando atinente ao ramo do Direito Público.

Recordemos que no item 1.2 do Capítulo anterior, ao tratarmos da família romana, apontamos que a estrutura da regra de direito desta família, calcada principalmente no uso de normas gerais e abstratas, tinha por objetivo garantir o tratamento igualitário entre as pessoas e, em função de sua anterioridade aos fatos por ela contemplados, permitir

---

[127] Assinala Marcello Caetano que a generalidade e a abstração dão o sentido material de lei, enquanto seu sentido formal refere-se ao órgão que a emite, no caso o Poder Legislativo; CAETANO, Marcello. *Princípios fundamentais do Direito Administrativo*. Coimbra, Almedina, 2010, p. 80.

melhor conhecimento das regras de conduta vigentes na sociedade. A lei, portanto, realizaria, no *plano abstrato*, os princípios da igualdade e da segurança jurídica.[128]

Ressaltemos também que esta ideia de isonomia e previsibilidade seria, em algumas situações, *ilusória*, pois, entendemos, na esteira de Rene David,[129] que quanto mais geral e abstrata uma norma jurídica, menos clara a sua resposta a determinado fato do mundo fenomênico, o que acarreta na atribuição ao magistrado (ou administrador) de maiores poderes de interpretação e aplicação do Direito. Se somarmos a esta situação o entendimento disseminado de que o juiz possui *absoluta* e *irrestrita* liberdade de interpretar a lei de acordo com a sua convicção (= livre convicção motivada), temos a receita completa para que sejam mitigados, no *plano concreto*, os mencionados princípios da isonomia – por permitir a aplicação desigual do Direito em situações substancialmente semelhantes,[130] – e da segurança jurídica – pois a aplicação desigual do Direito em casos substancialmente semelhantes aumenta a imprevisibilidade das ações estatais.[131]

Deveras, a experiência demonstra que o fato de uma lei reger determinado assunto, não significa que ela será interpretada e, consequentemente, aplicada corretamente, mesmo quando os fatos envolvidos possuam entre si *similitude substancial*. Situações em que casos substancialmente similares não possuem respostas estatais iguais podem ser contadas aos milhares.[132]

---

[128] De acordo com Rafael Valim, a anterioridade das leis – projeção eficacial das normas jurídicas – é um dos elementos da primeira manifestação do princípio da segurança jurídica, qual seja: a *perspectiva da certeza*; VALIM, Rafael. *Princípio da segurança jurídica no Direito Administrativo brasileiro*. São Paulo, Malheiros Editores, 2010, p. 97-98.

[129] Ibidem, p. 106.

[130] Daí a razão de se falar em *direito à igualdade de aplicação da lei*. Sobre este tema, *vide* a obra GARCIA, Juan Carlos Cabanas. *El derecho a la igualdad en la aplicación judicial de la ley*. Madrid, Thomson Reuters, 2009.

[131] São pertinentes as palavras de Karl Larenz: "Se os tribunais interpretassem a mesma disposição em casos similares ora de uma maneira, ora de outra, tal estaria em contradição com o postulado da *justice* de que os casos iguais devem ser tratados de igual modo, assim como com a segurança jurídica que a lei aspira [...]"; KARL, Larenz. *Metodologia da Ciência do Direito*. 6. ed., Lisboa, Fundação Calouste Gulbenkian, 2012, p. 442.

[132] "No Brasil, enfrentamos o problema do excesso de casos em que há diversidade de interpretações da lei num mesmo momento histórico, o que compromete a previsibilidade

PRECEDENTES ADMINISTRATIVOS NO DIREITO BRASILEIRO

A desigualdade e a insegurança causada pela disparidade na interpretação e aplicação da lei (ou de qualquer outra norma jurídica) é um dos fatores – a nosso ver o mais relevante – que fez com que os precedentes judiciais ganhassem cada vez mais espaço nos países pertencentes à família romana. Daí a razão pela qual se fala em aproximação dos sistemas jurídicos da família romanista e da *common law*.[133]

Ao analisarmos o sistema da *common law*, vimos que este sistema não é incompatível com a estrutura da regra de direito dos países de tradição romana, qual seja, a *lei*. A lei (*statue law*) é uma fonte importante do Direito nos países que adotam a *common law*, com a diferença de que serão os precedentes que traçarão a interpretação de determinado enunciado normativo, de modo a mitigar a desigualdade e insegurança jurídica oriundas das múltiplas interpretações possíveis. As *statue laws*, como registramos, *são envolvidas por um denso tecido uniforme chamado common law*.[134]

Ora, se no sistema da *common law* não existe incompatibilidade entre o uso dos precedentes e as leis, por qual razão não se poderia utilizar os precedentes no sistema romanista? Parece-nos que ambos podem conviver harmonicamente,[135] na medida em que não se restringirá a

---

e a igualdade. Há juízes de primeira instância e tribunais de segundo grau que decidem reiteradamente de modo diferente questões absolutamente idênticas"; WAMBIER, Theresa Arruda Alvim; op. cit., p. 36.

[133] Michel Fromont, professor da Universidade de Sorbone, registra tal aproximação; ibidem, p. 79.

[134] RADBRUCH, Gustav; op. cit., p. 51. Neste mesmo sentido ATALIBA, Geraldo; op. cit., p. 19 e ALVIM, Theresa Arruda; op. cit., p. 43.

[135] Ao voltarmos nossos olhos ao continente europeu, notamos que a convivência entre a lei e os precedentes começa a ser uma realidade, a ponto de o Tribunal de Justiça das Comunidades Europeias, na edição de dezembro de 2005 de sua revista, disponibilizada em seu *sítio* na internet, na parte em que responde às perguntas mais frequentes sobre sua função, deixar clara a força vinculante de seus precedentes. Eis a mencionada resposta: ¿Están obligados los órganos jurisdiccionales nacionales a ajustarse a la interpretación del Tribunal de Justicia? Sí. Cuando el Tribunal de Justicia declara que un acto comunitario no es conforme con los Tratados o cuando interpreta el Derecho comunitario, esta resolución tiene fuerza vinculante y se impone al órgano jurisdiccional que ha planteado la cuestión y al resto de los órganos jurisdiccionales de los Estados miembros. Por tanto, los tribunales nacionales están vinculados

superioridade hierárquica das leis, *pois estas sempre serão superiores aos precedentes, podendo, inclusive, revogá-los*. Os precedentes apenas diminuirão a incidência de interpretações destoantes de um mesmo enunciado normativo frente a situações fáticas semelhantes.

Em suma, o que se nota é uma tendência de aproximação *natural* entre os dois sistemas jurídicos mencionados. O Professor italiano Mario G. Losano, em sua obra dedicada aos sistemas jurídicos, anota com propriedade esta crescente proximidade:

> "O *common law* anglo-americano e o direito europeu continental, que agora regem a maioria da população mundial, tendem a se aproximar: o *common law* está passando por uma extensão dos *statues* e das *consolidations* em detrimento do puro 'jude made law', enquanto a jurisprudência vai assumindo importância crescente em muitos países da *civil law*. Por exemplo, naqueles países que têm um tribunal constitucional, o direito constitucional tende cada vez mais a se tornar um direito jurisprudencial."[136]

Feitas estas considerações iniciais, passemos a analisar mais profundamente as duas principais razões pelas quais os países de tradição romanista têm adotado com maior intensidade os precedentes judiciais. A primeira relaciona-se com a disparidade na interpretação[137] da lei e em sua aplicação[138] a casos semelhantes. A segunda razão, vista por muitos

---

por la interpretación que realiza el Tribunal de Justicia. Lo mismo sucede con las demás autoridades públicas, *Revista do Tribunal de Justiça das Comunidades Europeias*, Luxemburgo, dez. 2005.

[136] LOSANO, Mario G. *Os Grandes Sistemas Jurídicos*. São Paulo, Martins Fontes, 2007, p. 345.

[137] De acordo com Carlos Maximiliano, interpretar é *"determinar o sentido e o alcance das expressões do Direito"*; MAXIMILIANO, Carlos. *Hermenêutica e aplicação do direito*. Rio de Janeiro, Forense, 2003, p. 1. Para Kelsen, a "interpretação é, portanto, uma operação mental que acompanha o processo de aplicação do Direito no seu progredir de um escalão superior para um escalão inferior"; KELSEN, Hans. *Teoria Pura do Direito*. São Paulo, Martins Fontes, p. 387.

[138] Para Carlos Maximiliano, a "aplicação do Direito consiste no enquadrar um caso concreto em uma norma jurídica adequada. Submete às prescrições da lei uma relação da vida real; procura e indica o dispositivo adaptável a um fato determinado"; ibidem, p. 5.

como a principal, relaciona-se com a necessidade de diminuição do número de demandas judiciais.

2.2 INTERPRETAÇÃO E APLICAÇÃO DA LEI E OS PRECEDENTES JUDICIAIS

Hans Kelsen, em sua obra clássica, *Teoria Pura do Direito*, ensina-nos que a aplicação do Direito pressupõe a sua interpretação,[139] ou seja, a aplicação do Direito, que se faz através de uma norma inferior e individual, exige a interpretação da norma superior. Tal interpretação, anota Kelsen, pode ser feita por um órgão aplicador do Direito ou por qualquer partícipe da sociedade, seja ele o destinatário da norma ou um cientista do Direito. No primeiro caso, fala-se em *interpretação autêntica*, que cria o Direito, e no segundo, em *interpretação não autêntica, realizada pelo cientista do Direito ou por qualquer interessado*, e que não tem a força de criar Direito, pois apenas aponta as possíveis significações da norma aplicada.

Assinala Kelsen que o processo de construção da norma inferior e individual, a partir da norma superior, pode dar ensejo a múltiplas soluções. É dizer: *da norma superior pode-se extrair mais de uma interpretação e, por conta disso, a aplicação do Direito pode-se dar por mais de uma maneira.*[140]

---

[139] Para Carlos Maximiliano, a "aplicação do Direito consiste no enquadrar um caso concreto em uma norma jurídica adequada. Submete às prescrições da lei uma relação da vida real; procura e indica o dispositivo adaptável a um fato determinado"; ibidem, p. 387-397.

[140] Assim assinalou Luis Manuel Fonseca Pires: "De tal sorte, a norma jurídica, para a teoria pura do direito, é compreendida, no que se refere à sua interpretação, como uma *moldura* na qual são possíveis diversos significados. A interpretação não autêntica, meramente *cognoscitiva*, estabelece, em princípio, os *limites da moldura*, mas é na aplicação da norma, na chamada interpretação autêntica, que ao *conhecimento* é acrescido, no momento da escolha de um desses significados possíveis, um *ato de vontade* da autoridade competente. Não há, pois, uma única interpretação, mas tantas quantas se encontram circundadas pela moldura. Como bem percebe Fábio Ulhoa Coelho ao comentar a teoria pura do direito, pouco importa qual o método exegético (fatores históricos, lógica etc.) utilizado pelo intérprete autêntico, pois "Todas as significações reunidas na moldura relativa à norma têm rigorosamente igual valor, para a ciência jurídica"; FONSECA PIRES, Luis Manuel. *Controle Judicial da Discricionariedade Administrativa – Dos Conceitos Jurídicos Indeterminados às Políticas Públicas.* Rio de Janeiro, Elsevier, 2009, p. 19.

Com o propósito de ilustrar seu raciocínio, Kelsen assinala que as inúmeras possibilidades de interpretação de uma norma estariam dentro de um quadro ou moldura, sendo que *todas seriam válidas* perante o Direito.[141] Ensina Kelsen:

> Sendo assim, a interpretação de uma lei não deve necessariamente conduzir a uma única solução como sendo a única correta, mas possivelmente a várias soluções que – na medida em que apenas sejam aferidas pela lei a aplicar – têm igual valor, se bem que apenas uma delas se torne Direito positivo no ato do órgão aplicador do Direito – no ato do tribunal, especialmente. Dizer que uma sentença judicial é fundada na lei, não significa, na verdade, senão que ela se contém dentro da moldura ou quadro que a lei representa – não significa que ela é *a* norma individual, mas apenas que é *uma* das normas individuais que podem ser produzidas dentro da moldura da norma geral.[142]

Como se pode perceber, a cada interpretação que se extrai de determinado enunciado normativo, tem-se uma norma jurídica. É por isso, aliás, que Misabel Derzi[143] acertadamente afirma que a "lei que vige em determinado momento, *é a lei segundo uma de suas interpretações possíveis*".

Assim, para se descobrir a conduta a ser observada pelo jurisdicionado, não basta o texto da lei, mas sim a maneira pela qual ela é interpretada e aplicada pelo órgão competente.[144]

---

[141] Anota Kelsen: "O Direito a aplicar forma, em todas estas hipóteses, uma moldura dentro da qual existem várias possibilidades de aplicação, pelo que é conforme ao Direito todo ato que se mantenha dentro deste quadro ou moldura em qualquer sentido possível"; KELSEN, Hans. *Teoria Pura do Direito*. 5. ed., São Paulo, Martins Fontes, 1996, p. 390.

[142] Ibidem, p. 390-391.

[143] *A irretroatividade do direito no direito tributário*. In: BANDEIDA DE MELLO, Celso Antônio (coord.). *Estudos em homenagem a Geraldo Ataliba – Direito Tributário*. São Paulo, Malheiros Editores, 1997, p. 184. E continua a autora: "A certa altura, sem nenhuma mudança literal da fórmula legislativa, que conserva os mesmos dizeres, altera-se a interpretação de da mesma lei faz a Administração ou fazem os Tribunais, que passam a decidir conforme *outra interpretação*". Surge então, sem lei nova como ato emanado do Poder Legislativo, *espécie de lei nova*, proclamada pelos demais Poderes"; ibidem, p. 184.

[144] Neste sentido, são precisas as palavras de Maria Sylvia Zanella Di Pietro: "O Direito comporta diversas interpretações, todas válidas. Todavia, uma vez adotada uma delas, as

Ora, se a interpretação de uma norma pode não revelar *a única* maneira de aplicá-la ao caso concreto, ou seja, pode não revelar *a* norma individual, abre-se, indiscutivelmente, a possibilidade de que casos substancialmente similares obtenham respostas estatais diferentes, haja vista a existência de inúmeros órgãos estatais aptos a interpretar e aplicar determinada norma jurídica. *Cada órgão, portanto, pinça uma solução possível de dentro da moldura mencionada por Hans Kelsen, fazendo com que em muitas situações torne-se imprevisível saber qual será a resposta estatal diante de determinada situação, mesmo conhecendo-se a maneira pela qual já se decidiu sobre situação similar.* No âmbito judicial, os casos em que isto acontece, podem ser contados aos milhares.

É claro que seria possível afirmar que interpretações divergentes sempre existiram e que nem por isso o sistema romanista entrou em colapso, não obstante as possíveis injustiças cometidas. Em verdade, esta maneira de pensar representa mais uma tolerância do que algo permitido pelo sistema.[145]

Sucede, no entanto, que em função da mudança substancial da técnica legislativa empregada na elaboração de leis, do novo *status* dos princípios jurídicos, e, também, do crescimento do número de demandas judiciais – a ser analisado mais à frente –, *potencializaram-se* as chances de interpretações divergentes, o que majora a possibilidade de aplicação desigual da lei e mitiga a previsibilidade das ações estatais. Tal situação insuflou o interesse recente pelos precedentes nos países de tradição romanista, na medida em que se passou a conferir, com maior intensidade, ao aplicador do direito, no caso ao magistrado ou ao administrador, a missão de *revelar o sentido efetivo da lei*, o que debilita, induvidosamente, as *garantias dos cidadãos*, já que a conduta a ser observada por estes encontra-se cada vez mais nas mãos do aplicador da lei, incumbido de densificar o conteúdo da lei (= *legislador no caso concreto*).

---

situações jurídicas por ela alcançadas e consolidadas não comportam reanálise"; DI PIETRO, Maria Sylvia Zanella. *Direito Administrativo*. 13. ed., São Paulo, Atlas, 2001, p. 85.

[145] No que se refere ao Direito brasileiro, não há espaço para esta tolerância. Deveras, aceitar passivamente a existência de decisões conflitantes como fruto de meras divergências de interpretação, é fazer tábula rasa dos princípios da igualdade e da segurança jurídica, algo inadmissível no ordenamento jurídico brasileiro. Neste sentido: MARINONI, Luiz Guilherme. *O STJ enquanto corte de precedentes*. São Paulo, Revista dos Tribunais, 2. ed., 2014, p. 167.

No que se refere à mudança da técnica legislativa, notamos que atualmente é cada vez mais comum que o legislador se valha de conceitos jurídicos indeterminados,[146] cláusulas gerais e faça menção expressa a princípios jurídicos.[147]

Mas qual ou quais seriam as razões para que houvesse esta alteração na técnica legislativa de elaboração de leis? Por que o legislador tornou mais imprevisível ainda a interpretação de determinado enunciado normativo? Segundo Paulo Otero, jurista português que estudou profundamente o princípio da legalidade na atualidade, a mudança da técnica legislativa empregada pode ser atribuída a dois fatores:

> (*i*) evolução do significado e do valor da Constituição, que inverteu o posicionamento hierárquico da Lei, subordinando-a ao texto constitucional, que, por sua vez, é carregado de valores e princípios jurídicos – agora dotados de normatividade –, e exigiu a adaptação da técnica legislativa;
>
> (*ii*) mudança radical do modelo de Estado, que deixou de ser um Estado Liberal e passou a ser um Estado Social, o que exige maior intervenção estatal, que por sua vez dificultou a possibilidade do legislador antever todas as necessidades da sociedade.[148]

Estes dois fatores fizeram com que o legislador, para evitar a *vigência efêmera* da lei, passasse a utilizar com maior frequência conceitos jurídicos indeterminados e cláusulas gerais, além de consagrar no texto de leis, princípios jurídicos.[149] Legislar, nos dias de hoje, em suma, tornou-se uma tarefa ainda mais difícil.

---

[146] "De qualquer forma, o que realmente importa neste momento é constatar que o juiz que trabalha com conceitos jurídicos indeterminados e regras abertas está muito longe daquele concebido para unicamente aplicar a lei"; MARINONI, Luiz Guilherme; op. cit., p. 88. Ver também Karl Engisch; *Introdução ao Pensamento Jurídico*. Lisboa: Fundação Calouste Gulbenkian, 2008, p. 206 s.

[147] *Vide*, por exemplo, o art. 2º da Lei de Processo Administrativo Brasileiro.

[148] OTERO, Paulo; op. cit., p. 154.

[149] Neste sentido, assinala Paulo Otero: "[...] observando-se que o cristalizar das previsões normativas conduziria à sua rápida desactualização e a uma visível formulação lacunar da

Esta preservação da longevidade da vigência da lei, através de um modelo normativo aberto, flexível (= *soft law*),[150] torna mais imprevisível a maneira pela qual determinada lei será interpretada e aplicada, *potencializando* as chances de erros e contradições, o que gera um ambiente de induvidosa *insegurança jurídica* e de *desigualdade na aplicação* da lei, e justifica ainda mais a utilização dos *precedentes*, pois estes uniformizam a interpretação e a aplicação do Direito[151] e, por conseguinte, resgatam a segurança jurídica e a aplicação isonômica da lei.

Como assinala Tereza Arruda Alvim,[152] em função destes fatores, "as decisões dos juízes atualmente nos sistemas da *civil law* são bem menos seguras e mais flexíveis do que aqueles que havia no período revolucionário". Em outras palavras: o estigma da Revolução Francesa de que os juízes seriam a *boca da lei*, pelas razões acima expostas, não mais se sustenta. A igualdade e segurança que se pretendia não consegue mais se firmar apenas no plano abstrato da lei. *A lei, evidentemente, é o ponto de partida essencial do sistema, mas não é mais suficiente para garantir os princípios da isonomia e da segurança jurídica, ante as múltiplas interpretações possíveis.*[153] *É preciso que a isonomia seja respeitada também no momento de aplicação da lei*

---

norma legal, tal como uma estatuição fechada não responderia à multiplicidade de situações diferentes e mostraria a completa incapacidade de adaptação da lei ao imprevisto. Em vez de um Direito sujeito a um rápido processo de envelhecimento, a existência de 'normas elásticas', permite que a 'lei respire a atmosfera social que a envolve', adaptando-se melhor à vida através da imperfeição resultante da mobilidade do seu conteúdo"; ibidem, p. 159.

[150] *Soft Law*, de acordo com Paulo Otero, é a degradação da intensidade vinculativa da normatividade; ibidem, p. 176.

[151] "Por isso mesmo, o sistema de precedentes, desnecessário quando o juiz apenas aplica a lei, é indispensável na jurisdição contemporânea, pois fundamental para outorgar segurança à parte e permitir ao advogado ter consciência de como os juízes estão preenchendo o conceito indeterminado e definido a técnica processual adequada a certa situação concreta"; MARINONI, Luiz Guilherme. *Precedentes Obrigatórios*. São Paulo, Revista dos Tribunais, 2010, p. 88.

[152] WAMBIER, Teresa Arruda Alvim. *Estabilidade e adaptabilidade como objetivos do direito: civil law e common law*. Revista de Processo. São Paulo, Revista dos Tribunais, n. 172, p. 137.

[153] Neste sentido, anota Theresa Arruda Alvim: "O juiz decide, *grosso modo*, de acordo com a lei (= de acordo com as regras conhecidas) e, se a lei comporta infinitas formas de interpretação, consubstanciando-se, cada uma delas, em pautas de conduta diferentes para os indivíduos, o próprio sentido e razão de ser do princípio da legalidade ficam comprometidos. Então, a

(= igualdade na aplicação da lei), sob pena de deixarmos de viver sob a máxima do *rule of law, not of men*. Daí uma das razões para a crescente relevância dos precedentes nos países de tradição romanista: resgate da credibilidade do princípio da legalidade, através da isonomia no momento de aplicação das normas jurídicas.

Vejamos agora, com mais detença, os principais *poros* mencionados por Tereza Arruda Alvim[154] – princípios jurídicos, conceitos jurídicos indeterminados e cláusulas gerais –, que *incrementam* a necessidade de serem observados os precedentes.

2.2.1 Princípios jurídicos

O que entendemos por princípios jurídicos em nossos dias é fruto de um longo processo de desenvolvimento da Ciência Jurídica. Paulo Bonavides,[155] eminente constitucionalista brasileiro, apresenta-nos em seu Curso de Direito Constitucional a evolução histórica detalhada da normatividade dos princípios jurídicos, cujas fases são as seguintes: *(i) jusnaturalista; (ii) positivista; (iii) pós-positivista*.

Na fase *jusnaturalista*, os princípios jurídicos estão ligados à ideia de justiça, e às normas que provem da razão humana. Como acentua Paulo Bonavides, princípios, nesta fase, "são normas universais de bem obrar", cuja alta carga axiomática conduziu-os ao descrédito. É por isso, portanto, que os princípios jurídicos nesta fase são praticamente destituídos de força normativa.

---

legalidade só tem sentido prático se concretizada à luz do princípio da isonomia. [...] É inútil a lei ser a mesma para todos, se os tribunais podem interpretá-la de modos diferentes e surpreender a todos"; ARRUDA ALVIM, Theresa (coord.). *Direito Jurisprudencial*. São Paulo, Revista dos Tribunais, 2012, p. 32.

[154] WAMBIER, Teresa Arruda Alvim. *Estabilidade e adaptabilidade como objetivos do direito: civil law e common law*. São Paulo, Revista dos Tribunais, Revista de Processo, n. 172, 2009, p.139.

[155] BONAVIDES, Paulo. *Curso de Direito Constitucional*. 19. ed., São Paulo, Malheiros Editores, 2006, p. 259 e s.

PRECEDENTES ADMINISTRATIVOS NO DIREITO BRASILEIRO

Com o desenvolvimento dos Códigos, fruto da passagem do jusnaturalismo para o positivismo, os princípios jurídicos foram a eles introduzidos, o que lhes rendeu maior dignidade jurídica. Dignidade esta que os levou da quase ausência de normatividade para uma normatividade subsidiária (à lei), pois os princípios jurídicos, aos olhos da doutrina juspositivista, serviam apenas para garantir o reinado da lei. Em verdade, somente eram invocados quando a lei fosse omissa sobre determinado assunto (= evitar o vazio normativo). Tinham, portanto, função restrita à colmatação de lacunas (= função integradora) e também de auxiliares da interpretação das normas jurídicas (= função interpretativa). Esta é a segunda fase da evolução da força normativa dos princípios.

O art. 4º da Lei de Introdução às Normas do Direito Brasileiro (antiga Lei de Introdução ao Código Civil), é um bom exemplo desta segunda fase da evolução da normatividade dos princípios jurídicos. O referido dispositivo estabelece que os princípios jurídicos só podem ser utilizados quando a lei for omissa, ou seja, servem apenas para colmatar lacunas.[156]

A terceira fase, denominada *pós-positivista*, desenvolveu-se nas últimas décadas século XX, com a promulgação das novas constituições,[157] que acentuaram a "hegemonia axiológica dos princípios, convertidos em

---

[156] Recomendamos a leitura das considerações de Agostinho Alvim. *Comentários ao Código Civil*. São Paulo, Jurídica e Universitária, 1968, v. I, p. 30-33.

[157] Foi a Lei Fundamental da Alemanha de 1949 o primeiro texto a constatar a nova fase dos princípios. Em seu art. 20, item 3, estabeleceu-se que o Estado se submete à lei e ao Direito "o poder legislativo está vinculado à ordem constitucional; os poderes executivo e judicial obedecem à lei e ao direito". A submissão ao Direito significa submissão aos princípios jurídicos. Esta previsão foi desenvolvida na Alemanha por conta dos traumas do nazismo, que se baseavam na lei. A Constituição Espanhola de 1978 também possui dispositivo similar (art. 103.1 – A Administração Pública serve com objetividade aos interesses gerais e atua de acordo com os princípios da eficácia, hierarquia, descentralização, desconcentração e coordenação, com submissão plena à lei e ao Direito). Paulo Otero segue a mesma linha: "A natureza compromissória da grande maioria dos textos constitucionais surgidos na segunda metade do século XX, procurando um equilíbrio entre orientações políticas opostas, substituiu uma técnica jurídica de elaboração preferencial de princípios gerais sobre as matérias controvertidas"; Paulo Otero; op. cit., p. 164.

pedestal normativo sobre o qual assenta todo o edifício dos novos sistemas constitucionais".[158]

É nesta fase que os princípios jurídicos deixam de ser meros soldados de reserva das leis e passam a figurar como normas primárias, a ponto de poderem invalidá-las (= função limitativa) e serem aplicados diretamente no mundo fenomênico.[159] Assim, a posição das regras e dos princípios se inverteu: *estes se tornaram hierarquicamente superiores àquelas*.[160]

Graças a esta vertiginosa ascensão à cúspide normativa,[161] que levou Paulo Bonavides a admitir que o Estado de Direito atual é um Estado *principial*,[162] é que se pode afirmar, na linha de Celso Antônio Bandeira de Mello, que violar um princípio é mais grave do que violar uma regra.[163]

A normatividade primária dos princípios jurídicos fez com que se sedimentasse a ideia de que assim como as regras jurídicas, eles também

---

[158] Paulo Bonavides. *Curso de direito constitucional*, p. 264. Ver também Paulo Otero; op. cit., p. 164.

[159] MARTINS, Ricardo Marcondes. *Intervenções do Estado*. São Paulo, Quartier Latin, 2008, p. 75.

[160] Evidentemente que a normatividade dos princípios não significa dizer que as regras jurídicas são desnecessárias ou indesejadas. Pelo contrário, como bem adverte J.J. Gomes Canotilho, não se poderia viver em um sistema jurídico em que só existissem regras jurídicas ou só existissem princípios jurídicos. Estas duas espécies de normas são fundamentais para o sistema; CANOTILHO, J. J. Gomes. *Direito constitucional e teoria da Constituição*. 7. ed., Coimbra, Almedina, 2003, p. 1162 e s.

[161] Anota Paulo Bonavides: "Postos no ápice da pirâmide normativa, elevam-se, portanto, ao grau de norma das normas, de fonte das fontes"; BONAVIDES, Paulo; op. cit., p. 294.

[162] Ibidem, p. 293.

[163] Anota o autor: "Princípio é, pois, por definição, mandamento nuclear de um sistema, verdadeiro alicerce dele, disposição fundamental que se irradia sobre diferentes normas, compondo-lhes o espírito e servindo de critério para exata compreensão e inteligência delas, exatamente porque define a lógica e a racionalidade do sistema normativo, conferindo-lhe a tônica que lhe dá sentido harmônico. Eis por que: 'violar um princípio é muito mais grave que transgredir uma norma. A desatenção ao princípio implica ofensa não apenas a um específico mandamento obrigatório, mas a todo o sistema de comandos. É a mais grave forma de ilegalidade ou inconstitucionalidade, conforme o escalão do princípio violado, porque representa insurgência contra todo o sistema, subversão de seus valores fundamentais, contumélia irremissível a seu arcabouço lógico e corrosão de sua estrutura mestra'"; BANDEIRA DE MELLO, Celso. *Curso de direito administrativo;* op. cit., p. 54.

são *normas jurídicas*. A partir desta constatação permitiu-se a aplicação direta dos princípios jurídicos no mundo fenomênico.

A partir da fase pós-positivista pode-se efetivamente afirmar que norma jurídica é o gênero que contém duas espécies, as regras jurídicas e os princípios jurídicos[164] – sendo estes últimos detentores do título de "norma das normas, de fonte das fontes".[165]

Uma vez esclarecido que os princípios jurídicos são normas jurídicas, ou seja detêm normatividade (= observância obrigatória), e que posicionam-se em patamar superior, cumpre-nos diferenciá-los das regras jurídicas.

Muito já se escreveu sobre as diferenças entre regras e princípios jurídicos. Robert Alexy,[166] Ronald Doworkin,[167] Canotilho,[168] Ricardo Guastini,[169] Celso Antônio Bandeira de Mello,[170] Humberto Ávila,[171] Ricardo Martins Marcondes,[172] Agostin Gordillo[173] e tantos outros

---

[164] Neste sentido, Robert Alexy: "Tanto regras quanto princípios são normas, porque ambos dizem o que deve ser. Ambos podem ser formulados por meio das expressões deônticas básicas do dever, da permissão e de proibição. Princípios são, tanto quanto as regras, razões para juízos concretos de dever-ser, ainda que de espécie muito diferente. A distinção entre regras e princípios é, portanto, uma distinção entre dois tipos de normas"; ALEXY, Robert. *Teoria dos direitos fundamentais*. São Paulo, Malheiros Editores, 2012, p. 83.

[165] BONAVIDES, Paulo; op. cit., p. 294

[166] ALEXY, Robert. *Teoria do Direitos Fundamentais*; op. cit., p. 85 e s.

[167] DWORKIN, Ronald. *Levando os Direitos a Sério*. São Paulo, Martins Fontes, 2007, p. 39-46.

[168] CANOTILHO, José Joaquim Gomes. *Direito Constitucional e Teoria da Constituição*. 7. ed., Coimbra, Almedina, 2003, p. 1160 e s.

[169] GUASTINI, Ricardo. *Das Fontes às Normas*. São Paulo, Quartier Latin, 2005, p. 185 e s.

[170] BANDEIRA DE MELLO, Celso. *Curso de Direito Administrativo*. São Paulo, Malheiros Editores, 2015, p. 54.

[171] ÁVILA, Humberto. *Teoria dos Princípios* – da definição à aplicação dos princípios jurídicos. 10. ed., São Paulo, Malheiros Editores, 2009, p. 78 e s.

[172] PIRES, Luís Manuel Fonseca; ZOCKUN, Maurício (coord.). *Intervenções do Estado*. São Paulo, Quartier Latin, 2008, p. 75.

[173] GORDILLO, Agustin. *Introdução al Derecho Administrativo*. 2.ed., Buenos Aires, Abeledo-Perrot, 1966, p. 176-177.

autores já se debruçaram sobre os contornos conceituais das regras e dos princípios jurídicos. De tão bem investigados pelos referidos autores e por extrapolar os objetivos desta pesquisa, utilizaremos, para diferenciarmos as regras jurídicas dos princípios jurídicos, as palavras de Paulo Otero, que condensa o entendimento da maioria destes autores, *in verbis*:

> As regras (ou normas-disposição) surgem como normas dotadas de um detalhe muito superior aos princípios, verificando-se que são 'mandatos definitivos', prescrevendo imperativamente uma exigência que só poderá ser cumprida ou violada, obedecendo a sua aplicação a uma lógica de 'tudo ou nada', pois, verificando-se os fatos da previsão da norma, se ela for válida, aplicar-se-á, ou, caso não seja válida, ela não se aplicará, excluindo-se completamente a validade de convivência antinômica com outra regra oposta, sem prejuízo de todas as regras comportarem exceções aos seus enunciados.
>
> Os princípios (ou normas-princípio), pelo contrário, estabelecendo orientações gerais — sejam exigências de 'justiça, equidade ou de uma outra dimensão da moralidade' ou a concretização histórica da 'ideia de Direito' e da 'natureza das coisas', traduzindo verdadeiras 'pautas gerais de valoração ou preferências valorativas em relação à ideia do Direito' —, assumem a natureza de 'mandatos de otimização' e necessitam sempre de uma ulterior atividade de concretização, nunca obedecendo a uma lógica de exclusão antinótica, antes surgem numa 'convivência conflitual' com princípios que apontam em direção contrária, sem qualquer pretensão de exclusividade, circunstância que determina exigir a sua aplicação uma atividade de ponderação e envolver diferentes graus ou níveis de satisfação ou realização, permitindo 'o balanceamento de valores e interesses', consoante as possibilidades jurídicas e fáticas existentes em cada momento e o peso ou a importância dos princípios em causa.[174]

Como se nota, os princípios jurídicos estabelecem o fim a ser alcançado sobre determinado assunto, enquanto as regras jurídicas

---

[174] OTERO, Paulo. *Legalidade e Administração Pública* – O sentido da Vinculação Administrativa à Juridicidade. Coimbra, Almedina, 2007, p. 165-166.

estabelecem a maneira pela qual este fim deve ser atingido. Desta afirmação também se pode concluir, tal como o fez Ricardo Marcondes Martins,[175] que "toda regra jurídica é a concretização de um princípio", de modo que mesmo o conflito de duas ou mais regras é, em última análise, uma colisão de princípios, o que revela ainda mais a sua importância nos sistemas jurídicos contemporâneos.[176]

Ora, como se pode perceber, os princípios jurídicos, sejam eles expressamente mencionados em textos legais ou extraídos do ordenamento jurídico (implícitos), gozam de grande força jurídica nos dias de hoje. Inicialmente, serviriam apenas para orientar o trabalho interpretativo dos textos legais (= função interpretativa) e colmatar lacunas (= função integrativa). A partir do pós-positivismo passaram a servir de fundamento da ordem jurídica e, portanto, de parâmetro de validade das regras jurídicas (= função limitativa ou normogenética), além de manterem a unidade e coerência desta mesma ordem jurídica (= função sistematizadora).

Mas esta invulgar dignidade jurídica, se por um lado trouxe inquestionáveis avanços à Ciência do Direito, por outro propiciou o aumento do número de decisões discrepantes sobre casos substancialmente similares. Duas razões podem ser atribuídas a esta situação.

A primeira razão refere-se à possibilidade de sobre uma mesma situação fática *ponderar-se* de maneira diferente qual o princípio jurídico possui o maior peso (= valor). É dizer: quando mais de um princípio jurídico puder ser invocado para solucionar determinado caso – e isso ocorrerá em inúmeras oportunidades – ou até mesmo para aferir a validade de determinada regra jurídica, fatalmente existirão decisões diferentes, o que vulnerará os anseios de igualdade de tratamento e previsibilidade das ações estatais.[177]

---

[175] MARCONDES, Ricardo Martins; op. cit., p. 75. *In*: PIRES, Luís Manuel Fonseca; ZOCKUN, Maurício (coord.); op. cit.

[176] Ibidem.

[177] Sobre este ponto, anota Paulo Otero: "Sucede, porém, que todo este novo modelo de legalidade, envolvendo um 'Direito de princípios', aumenta consideravelmente a conflitualidade

A segunda razão para o aumento de decisões discrepantes está ligada à densificação dos princípios jurídicos pelo legislador.[178] Como vimos, os princípios jurídicos são normas que estabelecem *o fim a ser atingido*, mas não estabelecem a maneira pela *qual será atingido este fim*. Cabem às regras densificar o conteúdo dos princípios, ou seja, compete a elas estabelecer os meios pelos quais se atingirá o fim do princípio jurídico ("toda regra jurídica é a concretização de um princípio", diz Ricardo Martins Marcondes).[179]

Neste processo de densificação de princípios jurídicos através de regras jurídicas, percebemos que vez por outra o legislador, muitas vezes com o propósito de minorar ou estirpar as discussões acerca da validade da regra jurídica editada, formula enunciados dotados de expressões vagas, imprecisas e ambíguas.[180] Ao agir desta maneira, o legislador aumenta as chances de serem proferidas decisões contraditórias sobre fatos substancialmente similares. Nesta afirmação, não temos a intenção de execrar o legislador pela utilização de expressões vagas, imprecisas e ambíguas, apenas registramos que tal situação poderá levar a decisões contraditórias.

Como se nota, a possibilidade de existirem decisões conflitantes em função da normatividade dos princípios jurídicos – quer quando aplicados diretamente no mundo fenomênico, quer quando densificados por regras jurídicas –, faz com que os precedentes (judiciais e administrativos), tornem-se um instrumento de grande valia, já que contribuirão para a uniformização da *aplicação* deste tipo de norma jurídica. *Em suma, os avanços*

---

social e judicial: cada pessoa insatisfeita ou cada grupo de interesses preterido por uma decisão administrativa, procurando alicerçar nos princípios da Constituição o fundamento das suas pretensões, acaba por abrir litígios judiciais que, provocando um conflito de pretensões alicerçadas em princípios constitucionais contraditórios, arrastam os tribunais numa discussão politico-constitucional que, sendo fruto das sucessivas incertezas normativas da Constituição e da legislação ordinária, contribuem para ampliar a presente crise na concretização jurisdicional da justiça"; OTERO, Paulo; op. cit., p. 168.

[178] A densificação de princípios jurídicos também pode ser realizada pelo Poder Judiciário e pelo Poder Executivo, quando, por exemplo, aplicarem diretamente um princípio a um caso concreto.

[179] MARCONDES, Ricardo Martins; op. cit., p. 75. *In*: PIRES, Luís Manuel Fonseca; ZOCKUN, Maurício (coord.).

[180] OTERO, Paulo; op. cit., p. 167.

proporcionados pela ascensão da normatividade dos princípios jurídicos precisam ser acompanhados da estabilização proporcionada pelo emprego dos precedentes.

Assinala Paulo Otero que o desenvolvimento da comunidade internacional, em seu caso da Comunidade Europeia, fez com que houvesse a substituição de um "Direito de regras" por um "Direito de princípios" – mais maleável –, pois a utilização de princípios diminui substancialmente o conflito de normas entre o Direito Comunitário e o Direito interno de cada nação, aumentando o consenso entre interesses antagônicos. Todavia, o efeito colateral deste "Direito de princípios" é o crescimento da relevância da jurisprudência ao ordenamento jurídico comunitário, o que faz com que haja a aproximação dos Estados de tradição romanista com o "modelo predominantemente anglo-saxônico de elaboração do Direito".[181]

2.2.2 Conceitos jurídicos indeterminados

Além dos princípios jurídicos, os conceitos jurídicos indeterminados também contribuem para o aumento do número de decisões contraditórias, na medida em que diminuem a *densidade* normativa das regras jurídicas, a ser restabelecida apenas no caso concreto.

Se, como vimos, desejava-se estabelecer com rigor absoluto todas as situações com as quais o juiz (ou o aplicador do Direito) poderia se deparar,[182] certo é que tal anseio não se concretizou. É induvidoso que o legislador não consegue estabelecer com objetividade e rigor absoluto todas as situações com as quais o juiz (ou o aplicador do Direito) poderia se deparar e definir as soluções abstratas para todas estas situações, pois é imprescindível, em inúmeras oportunidades, a análise do caso concreto. O legislador, quer ele queira ou não, acaba por transformar em inúmeros casos o aplicador do Direito em *legislador do caso concreto*.[183]

---

[181] OTERO, Paulo; op. cit., p. 169-170.
[182] ENGISCH, Karl. *Introdução ao Pensamento Jurídico*. 10. ed., Lisboa, Fundação Calouste Gulbenkian, 2008, p. 206.
[183] Ibidem, p. 242.

Segundo Karl Engisch,[184] conceitos jurídicos indeterminados são conceitos "cujo conteúdo e extensão são em larga medida incertos". É dizer, os conceitos jurídicos não são dotados de objetividade absoluta, de modo a indicar sem margem para dúvidas a hipótese de incidência da norma ou de seu comando ou finalidade. O conteúdo material do conceito não é apreensível pela sua simples menção.

Como anota Celso Antônio Bandeira de Mello,[185] palavras como pobreza, velhice, urgência, relevância, por exemplo, não conferem ao aplicador do Direito certeza absoluta quanto à sua escorreita *subsunção*.

Mesmo sabendo que os conceitos jurídicos indeterminados se densificam no plano concreto – no momento de sua aplicação –, tal situação não lhes retira a condição de indeterminados, como sustentam alguns autores. Tal como registra Celso Antônio Bandeira de Mello,[186] mesmo após a densificação de certos conceitos jurídicos, podem subsistir *dúvidas razoáveis*[187] acerca da aplicação escorreita do conceito jurídico indeterminado. É neste campo, aliás, que residiria a *discricionariedade* do aplicador do Direito.

Com o propósito de melhor delimitar este campo de dúvida razoável, diversos autores tratam do *conteúdo mínimo indiscutível*[188] dos conceitos jurídicos indeterminados.

---

[184] ENGISCH, Karl; op. cit., p. 208.

[185] BANDEIRA DE MELLO, Celso. *Discricionariedade e Controle Jurisdicional*. 2.ed., São Paulo, Malheiros Editores, 2003, p. 22-23.

[186] Ibidem, p. 22.

[187] Fala-se em dúvida razoável, pois como registra Celso Antônio Bandeira de Mello, mesmo os conceitos jurídicos indeterminados são "demarcações de competência". Logo, se os conceitos jurídicos indeterminados não fossem analisados pelo prisma da razoabilidade, não se teria demarcação de competência, mas sim poder absoluto; ibidem, p. 31. Se não houver dúvida razoável no caso concreto, não estaremos diante de uma discricionariedade – existente apenas no plano abstrato –, mas sim de uma vinculação.

[188] A expressão é de BANDEIRA DE MELLO, Celso. *Discricionariedade e controle jurisdicional*; op. cit., p. 29.

Karl Engisch assevera que os conceitos jurídicos indeterminados possuem um *núcleo conceitual* e um *halo do conceito*.[189] O núcleo conceitual é a "noção clara do conteúdo e extensão do conceito", enquanto o halo do conceito é o espaço no qual permeiam as dúvidas.

Neste mesmo sentido nos ensina Genaro Carrió, que as palavras com significado vago (indeterminado) possuem uma zona luminosa, na qual não se têm dúvidas de que a palavra é aplicável ao caso, e uma zona escura, na qual não se têm dúvidas de que a palavra não é aplicável ao caso.[190] No mesmo diapasão, leciona o eminente Professor Celso Antônio Bandeira de Mello que, diante de conceitos jurídicos indeterminados existe a zona de certeza positiva (na qual ninguém duvida do cabimento da aplicação da palavra) e zona de certeza negativa (certeza de que um dado caso não estaria abrigado pela palavra).[191]

No intervalo entre as duas zonas de certeza, a chamada zona de penumbra[192] (ou zona de incerteza) – campo da dúvida razoável acerca do conteúdo do conceito jurídico indeterminado –, é que se está diante da discricionariedade – margem de apreciação subjetiva do aplicador do Direito.[193]

Note-se que para se chegar à discricionariedade proveniente dos conceitos jurídicos indeterminados deve-se inicialmente interpretar a regra jurídica. Logo, *a interpretação precede a discricionariedade*.

---

[189] ENGISCH, Karl; op. cit., p. 209.

[190] "Hay un foco de intensidade luminosa donde se agrupan los ejemplos típicos, aquellos frente a los cuales no se duda que la palabra es aplicable. Hay una meidata zona de oscuridad circundante donde caen todos los casos enlos que no se duda que no lo es"; CARRIÓ, Genaro R. *Notas sobre derecho y lenguage*. 4. ed., Buenos Aires, Abeledo -Perrot, 1994, p. 33-34.

[191] BANDEIRA DE MELLO, Celso. *Discricionariedade e controle jurisdicional*; op. cit., p. 29.

[192] Assim anota Carrió sobre as zonas de penumbra: "El transito de una zona a otra es gradual; entre la total luminosidad y la oscuridad total hay una zona de penumbra sin limites precisos. Paradójicamente ella no empieza ni termina en ninguna parte, y sin embargo existe"; CARRIÓ, Genaro R; op. cit., p. 34.

[193] É imperioso registrar que este posicionamento não é unânime. Em sentido contrário, Eduardo Garcia de Enterría e Luis Manuel Fonseca Pieres.

Pelo exposto, pode-se perceber que os conceitos jurídicos indeterminados, quando densificados pelo aplicador do Direito, podem ensejar decisões colidentes. Deveras, se para um juiz (ou aplicador do direito) determinada situação do mundo fenomênico enquadra-se no conceito de *atividade de risco*, de modo a autorizar a aplicação da responsabilidade civil objetiva (art. 927 do Código Civil Brasileiro, para outro, atividade semelhante poderá estar fora do referido conceito. Qual dos dois estaria correto? E se tivéssemos *dúvidas razoáveis* quanto a aplicação deste conceito jurídico, seria correto (justo) proferir decisões diferentes a casos substancialmente similares (considerando a aplicação da responsabilidade objetiva a um caso e a outro não)?

A única maneira de solvermos definitivamente os embates acerca da incidência, ou não, de determinado conceito jurídico indeterminado em um caso concreto, e assim garantir-se a aplicação do princípio da igualdade no momento da aplicação da norma, se dá pela utilização dos *precedentes*.

Os precedentes, em verdade, fixam o entendimento que se tem sobre certo conceito indeterminado frente a uma dada situação do mundo fenomênico, de modo que este entendimento deve ser observado em situações posteriores.

2.2.3 Cláusulas gerais

Definida por Karl Engisch como a "formulação da hipótese legal que, em termos de grande generalidade, abrange e submete a tratamento jurídico todo um domínio de casos",[194] as cláusulas gerais nada mais são do que uma técnica legislativa que abarca uma série de situações do mundo fenomênico, mediante enunciados dotados de grande generalidade e abstração.[195]

---

[194] ENGISCH, Karl; op. cit., p. 229.
[195] Anota Karl Engisch: "O verdadeiro significado das cláusulas gerais reside no domínio da técnica legislativa. Graças à sua generalidade, elas tornam possível sujeitar um mais vasto

As cláusulas gerais, como se nota, contrapõem-se à elaboração casuística das hipóteses legais, em que diversos núcleos estão previstos na regra jurídica[196]. As cláusulas gerais, em suma, abarcam um grande número de situações e podem se valer de conceitos descritivos ou indeterminados[197].

O art. 186 do Código Civil,[198] que estabelece em termos generalíssimos o ilícito civil, o art. 927 do mesmo diploma legal[199], que trata da responsabilidade civil por ato ilícito, assim como os *caputs* dos artigos 9º, 10 e 11 da Lei de Improbidade Administrativa[200], que estabelecem as

---

grupo de situações, de modo a ilacunar e com possibilidade de ajustamento, a uma consequência jurídica. O casuísmo está sempre exposto ao risco de apenas fragmentária e 'provisoriamente' dominar a matéria jurídica. Este risco é evitado pela utilização das cláusulas gerais"; ibidem, p. 233-234.

[196] O art. 28 da Lei 11.343/2006 é um bom exemplo de regra casuística: "Art. 28. Quem adquirir, guardar, tiver em depósito, transportar ou trouxer consigo, para consumo pessoal, drogas sem autorização ou em desacordo com determinação legal ou regulamentar será submetido às seguintes penas: [...]". (BRASIL. Lei n. 11.343, de 23 de agosto de 2006. Institui o Sistema Nacional de Políticas Públicas sobre Drogas – Sisnad; prescreve medidas para prevenção do uso indevido, atenção e reinserção social de usuários e dependentes de drogas; estabelece normas para repressão à produção não autorizada e ao tráfico ilícito de drogas; define crimes e dá outras providências. Brasília, *Diário Oficial da União*, 24 ago. 2006).

[197] ENGISCH, Karl; op. cit., p. 232-233.

[198] Art. 186. Aquele que, por ação ou omissão voluntária, negligência ou imprudência, violar direito e causar dano a outrem, ainda que exclusivamente moral, comete ato ilícito. (BRASIL. Lei n. 10.406, de 10 de janeiro de 2002. Institui o Código Civil. Brasília, *Diário Oficial da União*, 11 jan. 2002).

[199] Art. 927. Aquele que, por ato ilícito (arts. 186 e 187), causar dano a outrem, fica obrigado a repará-lo. (BRASIL. Lei n. 10.406, de 10 de janeiro de 2002. Institui o Código Civil. Brasília, Diário Oficial da União, 11 jan. 2002).

[200] "Art. 9º Constitui ato de improbidade administrativa importando enriquecimento ilícito auferir qualquer tipo de vantagem patrimonial indevida em razão do exercício de cargo, mandato, função, emprego ou atividade nas entidades mencionadas no art. 1º desta lei, e notadamente: (...)"; Art. 10. Constitui ato de improbidade administrativa que causa lesão ao erário qualquer ação ou omissão, dolosa ou culposa, que enseje perda patrimonial, desvio, apropriação, malbaratamento ou dilapidação dos bens ou haveres das entidades referidas no art. 1º desta lei, e notadamente: (...)"; "Art. 11. Constitui ato de improbidade administrativa que atenta contra os princípios da administração pública qualquer ação ou omissão que viole os deveres de honestidade, imparcialidade, legalidade, e lealdade às instituições, e notadamente: (...).

modalidades dos atos de improbidade administrativa – exemplificadas em seus incisos[201] –, são bons exemplos de cláusulas gerais, pois seus enunciados normativos são dotados de grande generalidade e abstração para abarcar um elevado número de situações.

Ricardo Rivero Ortega apresenta-nos um exemplo muito interessante de cláusula geral no Direito Público Espanhol:

> Encontramos um exemplo de cláusula geral no art. 25.1 da Lei de Bases de Regime Local, que estudamos ao analisar a intervenção econômica dos entes locais: 'O Município, para a gestão de seus interesses e no âmbito de suas competências pode promover toda classe de atividades e prestar quantos serviços públicos forem necessários para satisfazer as necessidades e aspirações da comunidade local'.[202]

Como se nota, assim como os conceitos jurídicos indeterminados, as cláusulas gerais precisam ser densificadas. Precisam ser integradas pelo aplicador do Direito, o que poderá redundar na aplicação destoante de uma mesma cláusula geral. O que para um juiz (administrador ou qualquer outro aplicador do Direito) poderá ser uma hipótese de enquadramento da cláusula geral em uma dada situação do mundo fenomênico, para outro poderá parecer que o caso não se subsume à norma.

Para sanar este embate, os *precedentes* (judiciais e administrativos) são de grande valia, pois trarão segurança quanto à subsunção, ou não, de determinado fato à hipótese normativa que alberga uma cláusula geral.[203]

---

[201] MELO, Claudio Ari. *Improbidade Administrativa – Considerações sobre a Lei 8.429/92*. Cadernos de Direito Constitucional e Ciência Política. São Paulo: Revista dos Tribunais, vol. 11, 1995, p. 53.

[202] "Encontramos un ejemplo de cláusula general de apoderamiento en el art. 25.1. de la Ley de Bases de Régimen Local, que hemos estudiado al analizar la intervención económica de los entes locales: 'El Municipio, para la gestión de sus intereses y en el ámbito de sus competencias puede promover toda la clase de actividades y prestar cuantos servicios públicos contribuyan a satisfacer las necesidades y aspiraciones de la comunidad vecinal; ORTEGA, Ricardo Rivero. *Derecho Administrativo económico*. 5. ed., Madrid, Marcial Pons, 2009, p. 109.

[203] Neste sentido, Fredie Didier Júnior: "A relação entre cláusula geral e o precedente judicial é bastante íntima. Já se advertiu, a propósito, que a utilização da técnica das cláusulas gerais

2.3 A NECESSIDADE DE MAIOR CELERIDADE PROCESSUAL E OS PRECEDENTES JUDICIAIS

Analisados os poros que potencializam o aparecimento de decisões diferentes sobre uma mesma situação fática, vejamos a segunda razão pela qual os precedentes tem angariado ao longo dos anos um número maior de adeptos.

A segunda razão para a recepção cada vez maior dos precedentes judiciais nos países de tradição romanista é de fácil percepção.

Além das razões relacionadas com a disparidade de decisões estatais, é inegável que a necessidade de *respostas mais rápidas* às centenas de milhares de ações judiciais também contribuiu para o desenvolvimento dos precedentes.

Deveras, o desenvolvimento da cidadania e a criação de novos direitos materiais, como o direito do consumidor, por exemplo, fizeram com que a busca pelo Poder Judiciário aumentasse exponencialmente, o que redundou na morosidade, na solução definitiva das demandas – a ponto de as pessoas preferirem celebrar acordos a esperar a resposta final do Poder Judiciário, ou, como é cada vez mais frequente em nosso país, buscarem a *arbitragem*.

É evidente que, se consideramos o grande número de ações judiciais que tramitam perante o Poder Judiciário e nos atermos ao fato que cada uma delas pode ter um resultado diferente, mesmo que as situações fáticas sejam substancialmente similares e as normas jurídicas incidentes também, fácil perceber que os precedentes têm grande utilidade no que

---

aproximou o sistema da *civil law* do sistema da *common law*. Esta relação revela-se, sobretudo, em dois aspectos. Primeiramente, a cláusula geral reforça o papel da jurisprudência na criação de normas gerais: a reiteração da aplicação de uma mesma *ratio decidendi* dá especificidade ao conteúdo normativo de uma cláusula geral, sem contudo, esvaziá-la, assim ocorre, por exemplo, quando se entende que tal conduta típica é ou não exigida pelo princípio da boa-fé. Além disso, a cláusula geral funciona como elemento de conexão, permitindo ao juiz fundamentar a sua decisão em casos precedentemente julgados"; *Cláusulas Gerais Processuais*. Revista de Processo, São Paulo, v. 35, n. 187, p. 69, set. 2010.

se refere a dar maior celeridade às demandas judiciais. Isto porque, fixado determinado entendimento através de um precedente, principalmente quando este provém das instâncias máximas do Poder Judiciário, em nosso caso o Supremo Tribunal Federal e o Superior Tribunal de Justiça, abre-se a possibilidade de se solucionar uniforme e rapidamente todos os casos que estão sendo apreciados pelo Poder Judiciário.

Ora, se temos uniformidade decisória, o número de recursos tende a diminuir consideravelmente, haja vista que, como vimos, a superação de determinado precedente (*overruling*) exigirá alta carga argumentativa do interessado.

E mais: muitas pessoas deixarão de propor ações judiciais que contrariem determinado precedente judicial, o que desobstruirá o Poder Judiciário. Eliminar-se-á a propositura de ações judiciais cujo êxito está atrelado às chances de que o caso seja apreciado por magistrados que possuem entendimento destoante sobre determinada matéria, já pacificada.

Até mesmo a vida dos advogados será facilitada quando se pensa em precedentes judiciais dotados de força vinculante, pois este terá maior segurança ao apreciar as chances de êxito da pretensão de seus clientes e orientá-los com maior segurança.

Imagine-se também a diminuição do número de recursos interpostos e de demandas propostas pelo maior demandante de nossos Tribunais: o próprio Estado (Administração Direta e Indireta). A vida dos procuradores também será imensamente facilitada, pois sabemos que muitas ações são propostas e recursos interpostos mesmo quando as chances de êxito são remotíssimas.

Agregue-se ainda a tudo o que foi dito o disposto no art. 5º, inciso LXXVIII,[204] da Constituição Federal. Apesar de não constituir uma grande novidade do Direito brasileiro,[205] o referido artigo, introduzido

---

[204] "Art. 5º: [...] LXXVIII – a todos, no âmbito judicial e administrativo, são assegurados a razoável duração do processo e os meios que garantam a celeridade de sua tramitação [...]". (BRASIL, *Constituição Federal*. Brasília: Senado Federal, 1988).

[205] Não é novidade, pois o art. 8º, inciso I, da Convenção Interamericana de Direitos Humanos (Pacto de São José da Costa Rica), já se poderia extrair o direito à duração razoável do processo.

pela Emenda Constitucional n. 45/2005, estabelece o direito de todos os cidadãos, tanto no âmbito judicial quanto no âmbito administrativo, à *duração razoável do processo* e aos meios que garantam a celeridade de sua tramitação.

Ora, se a celeridade processual é um direito constitucional e se o número de demandas judiciais – e também administrativas – só tem aumentado em nosso país, é induvidoso que os precedentes dotados de força vinculante contribuem para a consecução deste direito de todos os cidadãos.[206]

Por fim, cumpre-nos registrar uma afirmação feita por Benjamin Cardozo,[207] famoso juiz da Suprema Corte dos Estados Unidos, acerca da relevância dos precedentes para a boa prestação jurisdicional:

> Hoje em dia, muito se discute se a regra de adesão ao precedente deve ser abolida. Eu não chegaria a tanto. Acho que a adesão ao precedente deve ser a regra, não a exceção. Posso acrescentar que o trabalho dos juízes aumentaria de maneira comprometedora se toda decisão passada pudesse ser reaberta em cada causa e, não se pudesse assentar a própria fiada de tijolos sobre o alicerce sólido das fiadas assentadas pelos que vieram antes.

2.4 OS PRECEDENTES JUDICIAIS NO DIREITO BRASILEIRO

Salientamos, no item anterior, que os precedentes têm conquistado cada vez mais espaço nos países filiados à família romanista. Mencionamos também que o crescimento deste prestígio dos *precedentes* no Direito

---

[206] A súmula vinculante no Brasil, além de prestigiar os princípios da isonomia e da segurança jurídica, é um exemplo recente e de peso da tentativa de se diminuir o número de demandas judiciais e recursos e, por consequência, aumentar a celeridade do judiciário.

[207] CARDOZO, Benjamin. *A natureza do processo judicial*. São Paulo, Martins Fontes, 2004, p. 110-111.

brasileiro é um fato incontestável, haja vista a previsão constitucional e infraconstitucional de vários institutos voltados à uniformização da aplicação do Direito[208], tais como: divergência jurisprudencial para a interposição de recurso especial (art. 105, III, *c*, CF);[209] efeitos vinculantes em ação direta de inconstitucionalidade e em ação declaratória de constitucionalidade (art. 102, § 2º, CF); súmula vinculante (art. 103-A, CF); repercussão geral (art. 102, § 3º, CF, c/c art. 1.035 do Código de Processo Civil de 2015); julgamento monocrático do relator com base em precedentes (art. 932, IV e V, Código de Processo Civil de 2015); incidente de resolução de demandas repetitivas (art. 976, Código de Processo Civil de 2015), recursos repetitivos (art. 1.036, Código de Processo Civil de 2015).

O objetivo destes institutos, evidentemente, é garantir a aplicação isonômica da lei, aumentar a previsibilidade das respostas estatais, legitimar estas respostas, e, também, diminuir a grande quantidade de recursos e ações judiciais existentes em nosso país.[210]

Em suma, os precedentes tornaram-se um elemento de grande relevância para a compreensão, coerência, estabilidade, uniformidade e harmonia de nosso sistema jurídico. O próprio Poder Judiciário reconhece

---

[208] Destacamos o seguinte dispositivo da Lei Orgânica do Poder Judiciário da Espanha (n. 06/1985): "Artículo 5.1. La Constituición es la norma suprema del ordenamiento jurídico, y vincula a todos los Jueces y Tribunales, quienes interpretarán y aplicarán las Leyes y los Reglamentos según los preceptos y principios constitucionales, conforme a la interpretación de los mismos que resulte de las resoluciones dictadas por el Tribunal Constitucional en todo tipo de procesos." Neste mesmo sentido: SOARES, Marcos José Porto. A *ratio decidendi* dos precedentes judiciais. *Revista Brasileira de Direito Processual – RBDPro*, Belo Horizonte, ano 22, n. 85, p. 3973, jan./mar. 2014.

[209] O STJ tem por missão constitucional fixar a interpretação das leis federais, de modo a orientar não apenas a vida dos cidadãos, mas especialmente as decisões dos tribunais hierarquicamente inferiores. Os precedentes do STJ, portanto, são dotados de obrigatoriedade. Neste sentido, são precisas as considerações de Luiz Guilherme Marinoni; *O STJ enquanto corte de precedentes*. São Paulo, Revistas dos Tribunais, 2. ed., 2014, p. 158-161.

[210] Neste sentido, José Rogério Cruz e Tucci: "Na verdade, a exigência de interpretação e aplicação, tanto quanto possível, homogênea do *iuspositum* tem efetivamente ocupado a atenção do legislador pátrio, inclusive, por certo, como meio de minimizar o afluxo exagerado de demandas"; CRUZ E TUCCI, José Rogério. *Precedente Judicial como Fonte do Direito*; op. cit., p. 258.

que tem o dever de fornecer aos jurisdicionados respostas firmes, certas, *homogêneas e uniformes em situações similares.*[211]

Antes de nos debruçarmos brevemente sobre alguns destes institutos que valorizam os precedentes em nosso país, gostaríamos de registrar o "desabafo" do Ministro Humberto Gomes de Barros, integrante do Superior Tribunal de Justiça. No AgRg nos EDiv no REsp 228432/RS, o Ministro, após reconhecer que julgou o caso em exame em desconformidade com a jurisprudência dominante naquela Corte, penitenciou-se e acabou por exaltar a importância da uniformização interpretativa (= precedentes) para o bom funcionamento do Judiciário brasileiro. Além disso, criticou o fato de os Tribunais hierarquicamente inferiores não observarem os precedentes daquela Corte. Eis as sinceras palavras do Ministro Humberto Gomes:

> Vejo, com imensa preocupação, que contribuí para a desestabilização de nossa jurisprudência. Afirmo, desde logo, que o fiz por engano. Tenho em mim a firme convicção de que o Superior Tribunal de Justiça foi concebido para um escopo especial: orientar a aplicação da lei federal e unificar-lhe a interpretação, em todo o Brasil. Se assim ocorre, é necessário que sua jurisprudência seja observada, para se manter firme e coerente. Assim sempre ocorreu em relação ao Supremo Tribunal Federal, de quem o STJ é sucessor, nesse mister. Em verdade, o Poder Judiciário mantém sagrado compromisso com a justiça e a segurança. Se deixarmos que nossa jurisprudência varie ao sabor das convicções pessoais, estaremos prestando um desserviço às nossas instituições. Se nós – os integrantes da Corte – não observarmos as decisões que ajudamos a formar, estaremos dando sinal, para que os demais órgãos judiciários façam o mesmo. Estou certo de que, em acontecendo isso, perde sentido a existência de nossa Corte. Melhor será extinguí-la.
>
> O engano em que incidi é resultado da irracional carga de trabalho a que se encontram submetidos os Ministros integrantes da Primeira Seção. Tal carga, e sua vez, é resultado da baixíssima

---

[211] BRASIL. Superior Tribunal de Justiça. REsp 227.490/AL. Pleno. Relator: Min. JORGE SCARTEZZINI, j. 26 out. 1999, *DJ,* 27 mar. 2000.

eficácia de nossas decisões. Delas, o estado brasileiro faz absoluta *tabula rasa*: simplesmente as desconhece.[...]".

Outro julgado que merece destaque é da lavra do Ministro Teori Albino Zavascki. Ao tempo em que pertencia aos quadros do Superior Tribunal de Justiça, o atual Ministro do Supremo Tribunal Federal assinalou a necessidade de serem observados os precedentes do Supremo Tribunal Federal, *ainda que prolatados em controle difuso*. Vejamos:

> CONSTITUCIONAL E TRIBUTÁRIO. COFINS E PIS. ALTERAÇÕES PROMOVIDAS PELA LEI N. 9.718/98. CONCEITO DE FATURAMENTO. MAJORAÇÃO DE ALÍQUOTA. PRECEDENTES DO STF. LIMITES PERCENTUAIS À COMPENSAÇÃO. INAPLICABILIDADE. HONORÁRIOS ADVOCATÍCIOS. 1. Não podem ser desconsideradas as decisões do Plenário do STF que reconhecem constitucionalidade ou a inconstitucionalidade de diploma normativo. Mesmo quando tomadas em controle difuso, são decisões de incontestável e natural vocação expansiva, com eficácia imediatamente vinculante para os demais tribunais, inclusive para o STJ (CPC, art. 481, parágrafo único: "Os órgãos fracionários dos tribunais não submeterão ao plenário, ou ao órgão especial, a arguição de inconstitucionalidade, quando já houver pronunciamento destes ou do plenário do Supremo Tribunal Federal sobre a questão"), e, no caso das decisões que reconhecem a inconstitucionalidade de lei ou ato normativo, com força de inibir a execução de sentenças judiciais contrárias, que se tornam inexigíveis (CPC, art. 741, parágrafo único; art. 475-L, § 1º, redação da Lei n. 11.232/05).[212]

Por fim, outro exemplo significativo de que existe em nosso país a tendência de que os precedentes sejam cada vez mais respeitados e gerem efeitos vinculantes está na ementa do Agravo Regimental da Ação Declaratória de Inconstitucionalidade n. 4.071, relatada pelo Ministro Menezes Direito, em 22 de abril de 2009, em que se *indeferiu* a petição

---

[212] BRASIL. Superior Tribunal de Justiça. REsp 921469. Primeira Turma. Relator: Min. TEORI ALBINO ZAVASCKI, j. 15 mai. 2007, *DJ*, 4 jun. 2007.

inicial de ação declaratória que objetivava a declaração de inconstitucionalidade de artigo de lei cuja constitucionalidade já havia sido declarada em um recurso extraordinário:

> EMENTA Agravo regimental. Ação direta de inconstitucionalidade manifestamente improcedente. Indeferimento da petição inicial pelo Relator. Art. 4º da Lei n. 9.868/99. 1. É manifestamente improcedente a ação direta de inconstitucionalidade que verse sobre norma (art. 56 da Lei n. 9.430/96) cuja constitucionalidade foi expressamente declarada pelo Plenário do Supremo Tribunal Federal, mesmo que em recurso extraordinário. 2. Aplicação do art. 4º da Lei n. 9.868/99, segundo o qual "a petição inicial inepta, não fundamentada e a manifestamente improcedente serão liminarmente indeferidas pelo relator". 3. A alteração da jurisprudência pressupõe a ocorrência de significativas modificações de ordem jurídica, social ou econômica, ou, quando muito, a superveniência de argumentos nitidamente mais relevantes do que aqueles antes prevalecentes, o que não se verifica no caso. 4. O *amicus curiae* somente pode demandar a sua intervenção até a data em que o Relator liberar o processo para pauta. 5. Agravo regimental a que se nega provimento.[213]

Curioso notar também que o Ministro Menezes Direito, além de destacar a relevância da observância dos precedentes, consignou que a alteração da jurisprudência (= superação de um precedente), exige a apresentação de substanciosos argumentos. Esta linha de raciocínio, como vimos anteriormente, é inerente à técnica dos precedentes, sendo conhecida como *overruling*.

Feitos estes registros, passemos a analisar brevemente *alguns* mecanismos do ordenamento jurídico brasileiro que contribuem para disseminação da importância cada vez mais acentuada dos precedentes em nosso país, conferindo-lhes efeito vinculante.[214]

---

[213] BRASIL. Supremo Tribunal Federal. ADI 4071-AgR/DF, Pleno, Relator: Min. MENEZES DIREITO, j. 22 abr. 2009, *DJ*, 6 mai. 2009.

[214] A eficácia vinculante de todos os institutos que analisaremos, além de outros existentes,

2.4.1 Julgamento monocrático do relator com base em precedentes

Do mesmo modo que estabelecia o Código de Processo Civil de 1973 em seu artigo 557, com a redação que lhe foi dada pela Lei n. 9.756/1998, o art. 932, incisos IV e V do Código de Processo Civil de 2015 prevê a possibilidade do relator, em decisão monocrática e fundamentada, *negar seguimento ao recurso* cujos argumentos estejam em descompasso com súmula do Supremo Tribunal Federal, do Superior Tribunal de Justiça e do próprio Tribunal, de decisão proferida em julgamento de recursos repetitivos pelo Supremo Tribunal Federal ou pelo Superior Tribunal de Justiça, bem como em entendimento firmado em incidente de resolução de demandas repetitivas ou de assunção de competência. Ou seja, se a decisão recorrida estiver em consonância com os precedentes das instâncias superiores, o recurso poderá ser negado monocraticamente pelo relator. Este comando legal prestigia a decisão judicial que observa os precedentes das instâncias superiores.

Como não poderia deixar de ser, a situação oposta também é permitida. O relator, em decisão monocrática e fundamentada, poderá *dar provimento ao recurso* que pretenda a reforma ou a anulação de decisão destoante de súmula do Supremo Tribunal Federal, do Superior Tribunal de Justiça e do próprio Tribunal, de decisão proferida em julgamento de recursos repetitivos pelo Supremo Tribunal Federal ou pelo Superior Tribunal de Justiça, bem como em entendimento firmado em incidente de resolução de demandas repetitivas ou de assunção de competência. Esta situação demonstra a intenção do legislador de valorizar os precedentes

---

também atingem a Administração Pública, tal como ocorre com a súmula vinculante. Assim, por exemplo, quando o Supremo Tribunal Federal admite a repercussão geral de determinado processo e julga o seu mérito, tal resultado também vincula a Administração Pública. Mesmo sendo apenas a súmula vinculante que expressamente possui efeito vinculante, entendo que por força do princípio da segurança jurídica e a igualdade, os precedentes judiciais possuem efeito vinculante. É totalmente incompatível com os referidos princípios, por exemplo, que após a súmula impeditiva de recurso, permita-se que os Tribunais inferiores julguem de forma diversa do que decidiu o STF ou o STJ. (BRASIL, Lei n. 5.869, de 11 de janeiro de 1973. Institui o Código de Processo Civil. Brasília, *Diário Oficial da União*, 17 jan. 1973).

das instâncias superiores, já que a decisão de instância inferior que não a observa poderá ser monocraticamente reformada ou anulada.

Obviamente que, em respeito ao *princípio constitucional do devido processo legal*, é possível que a parte insatisfeita com a decisão do relator, quer para negar seguimento ao recurso que destoa de precedentes do respectivo tribunal ou dos Tribunais Superiores, quer para dar provimento ao recurso que combate decisão que não observa os precedentes que incidem no caso, combata-a através de agravo interno (art. 1.021, Código de Processo Civil de 2015).

Para que este agravo interno possa ser provido, todavia, será preciso que o recorrente demonstre que o precedente invocado pelo relator não se enquadra adequadamente no caso (= *distinguishing*) ou que mereça ser superado (= *overruling*). Caso o recorrente não consiga demonstrar uma destas duas situações – já que o ônus para se afastar um precedente é de quem assim o deseja – e se comprove que o seu recurso era manifestamente inadmissível ou infundado, poderá o Tribunal lhe aplicar a multa prevista no § 4º do art. 1.021 do Código de Processo Civil de 2015, cujo montante variará entre um e cinco por cento do valor atualizado da causa.

No que se refere à aplicação do art. 557 do Código de Processo Civil de 1973 (atual art. 932 do Código de Processo Civil de 2015) e de sua contribuição para a disseminação da importância e do uso dos precedentes judiciais, o Ministro Gilmar Mendes, na Reclamação n. 2.363/PA, registrou a aplicação cada vez mais frequente da técnica dos precedentes judiciais no Supremo Tribunal Federal em casos de controle difuso de constitucionalidade. São esclarecedoras as palavras do Ministro:

> Assinale-se que a aplicação dos fundamentos determinantes de um *leading case* em hipóteses semelhantes tem-se verificado, entre nós, até mesmo no controle de constitucionalidade das leis municipais. Em um levantamento precário, pude constatar que muitos juízes desta Corte têm, constantemente, aplicado em caso de declaração de inconstitucionalidade o precedente fixado a situações idênticas reproduzidas em leis de outros municípios. Tendo em vista o disposto no *caput* e § 1º-A do artigo 557 do

Código de Processo Civil, que reza sobre a possibilidade de o relator julgar monocraticamente recurso interposto contra decisão que esteja em confronto com súmula ou jurisprudência dominante do Supremo Tribunal Federal, os membros desta Corte vêm aplicando tese fixada em precedentes onde se discutiu a inconstitucionalidade de lei, em sede de controle difuso, emanada por ente federativo diverso daquele prolator da lei objeto do recurso extraordinário sob exame.[215]

Note-se, portanto, que o legislador infraconstitucional, já no ano de 1998 e atento às necessidades do país, tratou de enaltecer a importância dos precedentes, atribuindo-lhes maior eficácia jurídica.

2.4.2 Repercussão Geral

Inserida no ordenamento jurídico brasileiro através da Emenda Constitucional n. 45/2004, que introduziu um novo parágrafo (§ 3º) ao art. 102,[216] e prevista no art. 1.035 do Código de Processo Civil de 2015, a *repercussão geral* nada mais é do que um novo requisito de admissibilidade do *recurso extraordinário*.

Com o claro propósito de atenuar o número dantesco de recursos apreciados anualmente pelo Supremo Tribunal Federal, que prejudica sensivelmente a sua atuação, o requisito da repercussão geral estabelece que os recursos extraordinários só serão conhecidos quando, além de preencherem os demais requisitos exigidos pela Constituição (art. 105, CF),

---

[215] BRASIL. Supremo Tribunal Federal. Rcl. 2.363/PA. Pleno. Relator: Min. GILMAR MENDES, j. 15 abr. 2008, *DJ*, 23 abr. 2008.

[216] "§ 3º No recurso extraordinário o recorrente deverá demonstrar a repercussão geral das questões constitucionais discutidas no caso, nos termos da lei, a fim de que o Tribunal examine a admissão do recurso, somente podendo recusá-lo pela manifestação de dois terços de seus membros". (BRASIL, Emenda Constitucional n. 45, de 30 de dezembro de 2004. Altera dispositivos dos arts. 5º, 36, 52, 92, 93, 95, 98, 99, 102, 103, 104, 105, 107, 109, 111, 112, 114, 115, 125, 126, 127, 128, 129, 134 e 168 da Constituição Federal, e acrescenta os arts. 103-A, 103-B, 111-A e 130-A, e dá outras providências. Brasília, *Diário Oficial da União*, 31 dez. 2004).

a parte interessada conseguir demonstrar em suas preliminares (art. 1.035, § 2º, Código de Processo Civil de 2015), que o caso concreto versa sobre *questões relevantes do ponto de vista econômico, político, social ou jurídico, que transcendam os interesses subjetivos da causa* (art. 1.035, § 1º, Código de Processo Civil de 2015)*, ou, ainda, quando for demonstrado que a decisão recorrida* (art. 1.035, § 3º, Código de Processo Civil de 2015): (i) *contrariou súmula ou jurisprudência dominante do Supremo Tribunal Federal;* (ii) *tenha sido proferida em julgamento de casos repetitivos"*.

Para os fins de nosso trabalho, interessa-nos especialmente dois parágrafos do art. 1.035 do Código de Processo Civil de 2015, quais sejam: o § 3º, I, e o § 8º.

O § 3º, I, nitidamente prestigia o uso dos precedentes judiciais no Direito brasileiro, na medida em que estabelece uma hipótese de repercussão geral *presumida*. Demonstrada que a decisão recorrida afronta súmula ou jurisprudência dominante do Supremo Tribunal Federal – ou seja, orientações contidas em precedentes dominantes[217] –, não há a necessidade de o recorrente comprovar a transcendência dos interesses subjetivos da causa, que em muitas ocasiões, poderá ser de difícil caracterização. Esta situação como se observa, valoriza a relevância dos precedentes em nosso ordenamento jurídico.

Estabelece o § 8º do art. 1.035 que na hipótese do Supremo Tribunal Federal manifestar-se acerca da *inexistência* de repercussão geral em determinado caso, o Tribunal de origem negará seguimento a todos os re-cursos extraordinários sobrestados e que versem sobre matéria idêntica. Esta determinação legal, em síntese, nada mais significa que a decisão do Supremo Tribunal Federal torna-se um *precedente impeditivo, porque vinculan-te, de recurso extraordinário que não possua repercussão geral.*[218]

Devemos registrar, ainda, a possibilidade de, no âmbito da repercussão geral, formar-se *precedente vertical e vinculante de mérito*.

---

[217] TARANTO, Caio Márcio Gutterres. Precedente Judicial – Autoridade e Aplicação na Jurisdição Constitucional. Rio de Janeiro, Editora Forense, 2010, p. 232.

[218] Neste sentido, ver as precisas considerações de MARINONI, Luiz Guilherme. *Precedente Obrigatório;* op. cit., p. 473.

Apesar de entendermos, na esteira de Luiz Guilherme Marinoni, que na hipótese de o Supremo Tribunal Federal reconhecer a existência de repercussão geral e julgar o mérito do recurso extraordinário, tanto a *ratio decidendi* acerca daquele requisito de admissibilidade, quanto a *ratio decidendi* do mérito do caso apreciado, possuem efeito vinculante (horizontal e vertical, respectivamente), certo é que o Código de Processo Civil de 2015 faz menção a esta possibilidade apenas no regime jurídico do julgamento dos recursos extraordinário e especial repetitivos (1.036, CPC)

Quando determinada matéria for objeto de múltiplos recursos, estabelece o art. 1.036 que o Supremo Tribunal Federal e o Superior Tribunal de Justiça apreciarão alguns destes recursos, enquanto os demais ficarão sobrestados (§ 1º).

Ao apreciar os recursos, o Supremo Tribunal Federal poderá declarar a inexistência de repercussão geral (art. 1.039, § 1º), o que ocasionará a não admissão dos recursos interpostos, ou reconhecer a existência da repercussão geral e julgar o mérito do(s) recurso(s) extraordinário(s) paradigmático(s) (art. 1.039, *caput*).

O primeiro tipo de decisão é similar àquela prevista no art. 1.035, § 8º, ou seja, é um *precedente impeditivo de recurso extraordinário que não possua repercussão geral*.

A segunda decisão está relacionada a *precedente vinculante de mérito*. Quando o Supremo Tribunal Federal ou o Superior Tribunal de Justiça julgar o mérito do(s) recurso(s) paradigmático(s), a *ratio decidendi* terá efeito vinculante, de modo que tanto os Tribunais Superiores (STF e STJ) quanto as instâncias hierarquicamente inferiores *deverão* obrigatoriamente observar o precedente.[219]

Portanto, a inobservância do precedente firmado pelo Supremo Tribunal Federal ou pelo Superior Tribunal de Justiça ocorrerá apenas em casos de *overruling* ou *distinguishing*.

---

[219] Registra Luiz Guilherme Marinoni: "Não há como conciliar a técnica de seleção de casos com a ausência de efeito vinculante, já que isso seria o mesmo que supor que a Suprema Corte se prestaria a selecionar questões constitucionais caracterizadas pela relevância e pela transcendência e, ainda assim, permitir que estas pudesse ser tratada de forma diferente pelos diversos tribunais e juízos inferiores"; MARINONI, Luiz Guilherme. *Precedente Obrigatório;* op. cit., p. 472-473.

2.4.3 Súmula vinculante

O mais conhecido mecanismo que representa a disseminação da importância cada vez mais acentuada dos precedentes em nosso país é, sem dúvida alguma, a *súmula vinculante*.

Com o propósito de dar maior celeridade aos julgamentos e garantir que tanto as instâncias inferiores do Poder Judiciário, quanto a Administração Pública observem *obrigatoriamente* as decisões prolatadas pelo Supremo Tribunal Federal, a Constituição Federal de 1988, a partir da Emenda Constitucional n. 45/2005, conferiu às súmulas a serem editadas pelo Supremo Tribunal Federal, mediante procedimento especial, *eficácia vinculante* (art. 103-A).[220]

As súmulas (vinculantes ou não), como sabemos, nada mais são do que enunciados normativos dotados de *generalidade* e *abstração*, extraídos de casos concretos, emitidos pelos Tribunais brasileiros, com o propósito de uniformizar a interpretação sobre determinado assunto, a partir de uma ou de reiteradas decisões. Representam a síntese de uma orientação – tese jurídica – e foram criadas pelo Supremo Tribunal Federal em 1963,[221] para desafogar o Poder Judiciário,[222] e não para manter a coerência

---

[220] "Art. 103-A. O Supremo Tribunal Federal poderá, de ofício ou por provocação, mediante decisão de dois terços dos seus membros, após reiteradas decisões sobre matéria constitucional, aprovar súmula que, a partir de sua publicação na imprensa oficial, terá efeito vinculante em relação aos demais órgãos do Poder Judiciário e à administração pública direta e indireta, nas esferas federal, estadual e municipal, bem como proceder à sua revisão ou cancelamento, na forma estabelecida em lei. § 1º A súmula terá por objetivo a validade, a interpretação e a eficácia de normas determinadas, acerca das quais haja controvérsia atual entre órgãos judiciários ou entre esses e a administração pública que acarrete grave insegurança jurídica e relevante multiplicação de processos sobre questão idêntica. § 2º Sem prejuízo do que vier a ser estabelecido em lei, a aprovação, revisão ou cancelamento de súmula poderá ser provocada por aqueles que podem propor a ação direta de inconstitucionalidade. § 3º Do ato administrativo ou decisão judicial que contrariar a súmula aplicável ou que indevidamente a aplicar, caberá reclamação ao Supremo Tribunal Federal que, julgando-a procedente, anulará o ato administrativo ou cassará a decisão judicial reclamada, e determinará que outra seja proferida com ou sem a aplicação da súmula, conforme o caso". (BRASIL. *Constituição Federal*. Brasília: Senado Federal, 1988).

[221] TARANTO, Caio Márcio Gutterres; op. cit., p. 175.

[222] MARINONI, Luiz Guilherme Marinoni; op. cit., p. 480.

da aplicação do Direito – *visão esta substancialmente alterada na atualidade.*[223] (*vide* art. 926, Código de Processo Civil de 2015).

A diferença entre a súmula e súmula vinculante é clara: enquanto a primeira possui eficácia meramente persuasiva, o que faz com que vez por outra sejam desrespeitadas – até mesmo pelos órgãos que as emitem –, as súmulas vinculantes, como a própria denominação revela, são de observância obrigatória. Além disso, a inobservância de uma súmula vinculante é passível de controle direto pelo Supremo Tribunal Federal, mediante *reclamação* (art. 103-A, § 2º, CF).

Não é demais registrarmos que, ao decidir um caso com base em uma súmula vinculante, o juiz decide com apoio na lei a partir de sua interpretação oficial, tida como a mais correta pelo sistema.[224] *Por isso a redação da súmula vinculante, assim como a de qualquer súmula, deve ser detalhada e precisa, para diminuir as discussões acerca da interpretação e aplicação de determinada norma jurídica.*

Apesar de entendermos que as súmulas vinculantes seriam desnecessárias, já que acreditamos que os precedentes judiciais são dotados de efeitos vinculantes,[225] independentemente de terem sido sumulados e aprovados pelo Supremo Tribunal Federal, é preciso fazer uma breve advertência sobre o uso das súmulas vinculantes (ou de qualquer súmula, em verdade).

---

[223] O Ministro Francisco Falcão, do Superior Tribunal de Justiça, ressalta que o entendimento sumular é um importante instrumento para se obter a aplicação uniforme e isonômica do Direito em situações semelhantes. (BRASIL. Superior Tribunal de Justiça. Agr. Reg. No Agr. Inst. n. 304.282/SP. Relator: Min. FRANCISCO FALCÃO, j. 07 dez. 2000, *DJ*, 02 abr. 2001).

[224] WAMBIER, Teresa Arruda Alvim. *Estabilidade e adaptabilidade como objetivos do direito: civil law e common law*; op. cit., p. 162.

[225] São dotados de efeito vinculante similar ao das súmulas vinculantes e, por isso, obrigam também a Administração Pública. O Decreto n. 2.346/1997, em seus artigos 1º, § 3º, 5º e 6º, prevê a possibilidade (mas não o dever) de se observar, no âmbito administrativo, a decisão proferida pelo Supremo Tribunal Federal em um caso concreto, o que poderá redundar na desistência de recursos e da propositura de demandas judiciais. Sobre este tema, ver o precioso capítulo da obra de Guido Santiago Tawil, intitulada *El efcto "expansivo" de los pronunciamientos judiciales sobre la administración pública activa y los representantes estatales em juicio*; TAWIL, Guido Santiago. *Estudios de derecho administrativo*. Buenos Aires, Abeledo Perrot, 2012, p.173-186.

Como sabemos, as súmulas vinculantes são editadas com base em casos julgados do Supremo Tribunal Federal, o que é o mesmo que dizer que *as súmulas são o resultado de precedentes. Ora, se são derivadas de precedentes, quando se invoca e se aplica uma súmula vinculante, deve-se analisar, além de seu texto, os precedentes que a fundamentaram, ou seja, o seu contexto fático (art. 926, § 2º, Código de Processo Civil de 2015). Caso isso não seja feito, corre-se o risco de se ter a mesma dificuldade quando da aplicação de uma lei — também dotada de generalidade e abstração —, qual seja: interpretações destoantes. Assim, aquilo que foi cunhado para dirimir interpretações destoantes, pode se tornar um novo obstáculo à uniformidade interpretativa pretendida.*[226]

---

[226] MARINONI, Luiz Guilherme; op. cit., p. 482.

3
DOS PRECEDENTES JUDICIAIS AOS PRECEDENTES ADMINISTRATIVOS

Nos primeiros capítulos deste trabalho, concentramos nossas atenções no desenvolvimento do tema dos precedentes no âmbito judicial, haja vista que é no exercício da função jurisdicional que a teoria dos precedentes nasceu e se desenvolveu.[227]

Vimos que a adoção dos precedentes nos sistemas jurídicos dos países filiados à família romanista cresce a cada dia, em especial no Brasil, cujo arcabouço legislativo já demonstra o aumento do prestígio dos precedentes. A doutrina e jurisprudência de nosso país,[228] também são cada vez mais receptíveis ao tema dos precedentes judiciais com eficácia vinculante.

Sucede, porém, que a teoria dos precedentes, tal como deixamos registrado em algumas passagens, não se limita à esfera jurisdicional, podendo ser aplicada também no exercício da função administrativa. Mas

---

[227] HOURSON, Sébastien. *Quand le principe d'égalité limite l'exercice du pouvoir discrétionnaire: le précédent administratif.* Paris: Éditions Dalloz, RFDA, juillet-août 2013, p. 750.

[228] Registre-se, ademais, que no Brasil são raros os acórdãos de tribunais (superiores e de segunda instância) que não invoquem em sua fundamentação outros julgados (= precedentes), o que denota uma certa receptividade dos magistrados brasileiros com a teoria dos precedentes; CRUZ E TUCCI, José Rogério; op. cit., p. 258.

qual seria a justificativa para que se pudesse adotar a teoria dos precedentes no âmbito administrativo?

Em nosso sentir, a razão relaciona-se com o fato destas duas funções, guardadas as peculiaridades de cada uma, interpretarem e aplicarem o Direito no caso concreto. Em outras palavras: tanto o Poder Judiciário quanto o Poder Executivo são órgãos aplicadores do Direito. Daí por que é possível falar-se de precedentes também no âmbito da função administrativa.[229]

Celso Antônio Bandeira de Mello registra que tanto o Poder Judiciário, que exerce primordialmente a função jurisdicional, quanto o Poder Executivo, que exerce primordialmente a função administrativa, são órgãos aplicadores do Direito. Eis suas palavras:

> De fato, excluídas as disposições residentes na própria Constituição, é no Poder Legislativo que reside a força inaugural na ordem jurídica, ou seja, a criação primária do Direito. Judiciário e Executivo são órgãos aplicadores do Direito: o primeiro, ante relações controvertidas e sob provocação e o segundo 'de ofício' (administrar é aplicar a lei 'de ofício', disse Seabra Fagundes).[230]

Muito embora adote a posição bipartite das funções do Estado, com a qual não concordamos, Hans Kelsen também deixa claro que tanto a função administrativa, quanto a função jurisdicional, executam e aplicam normas jurídicas:

---

[229] Neste sentido, assim grafou Jaime Orlando Santofino Gamboa: "Se reitera que el precedente tiene como virtud la consolidación de las construcciones jurídicas que ofrece la *ratio decidendi* en la resolución caso a caso, de manera que el alcance de la teoría del precedente no se agota en relación con la decisión simplemente judiciales, sin que puede comprender de similar manera y bajo la misma preceptiva justificante, la actividad propiamente de las autoridades administrativas y lo esbozado por ellas en relación con el principio de legalidad, para darle así continuidad a los motivos y fundamentos en los que las autoridades apoyan sus decisiones administrativas, lo que significa que éstas tienen en sus manos la responsabilidad y el deber functional constitucional de garantizar los principios de legalidad, igualdad, buena fe, debido proceso, en aras de la consolidación de la seguridad jurídica"; GAMBOA, Jaime Orlando Santofino. *La fuerza de los precedentes administrativos en el sistema jurídico del Derecho positivo colombiano*. Bogota: Universidad Extrenado de Colombia, 2010, p. 65.

[230] BANDEIRA DE MELLO, Celso Antônio. Curso de Direito Administrativo; op. cit., p. 260.

A função legislativa opõe-se tanto à função executiva quanto à judiciária, sendo que estas duas últimas estão, obviamente, relacionadas de modo mais íntimo entre si do que com a primeira. A legislação (*legis latio* do Direito romano) é a criação de leis (*leges*). Se falarmos de 'execução', devemos perguntar o que é executado. Não há nenhuma outra resposta, que não a afirmação de que são executadas as normas gerais, a constituição e as leis criadas pelo poder legislativo. A execução de leis, porém, também é a função do chamado poder judiciário. Esse poder não é distinguível do poder "executivo" pelo fato de que apenas órgãos deste "executam" normas. As normas jurídicas gerais são executadas tanto pelo poder executivo quanto pelo judiciário; a diferença é, simplesmente, que, num caso, a execução de normas gerais é confiada aos tribunais e, no outro, os chamados órgãos 'executivos' ou administrativos. Assim, a tricotomia usual é, no fundo, uma dicotomia, a distinção fundamental entre *legis latio* e *legis executio*. A segunda função, no sentido mais restrito, está subdividida em função jurídica e função executiva.[231]

Apesar de concordarmos com o fato de que tanto no exercício da função jurisdicional, quanto no exercício da função administrativa efetuam-se a interpretação e aplicação de normas jurídicas, discordamos de Kelsen quando este coloca sobre a mesma rubrica tais funções (função executiva), haja vista que, para o autor, a única diferença entre ambas as funções relaciona-se simplesmente com o órgão que leva a cabo a aplicação do Direito.

Deveras, existe uma diferença substancial entre a aplicação da norma jurídica no exercício da função jurisdicional e no exercício da função administrativa.[232] Enquanto na primeira função a aplicação da norma jurídica soluciona determinado conflito de interesses com força de *coisa julgada*, na segunda a aplicação de uma norma jurídica não possui esta força jurídica, haja vista a possibilidade de haver o controle de legalidade pelo Poder Judiciário.

---

[231] KELSEN, Hans. *Teoria Geral do Direito e do Estado*. 4. ed., São Paulo, Martins Fontes, 2005, p. 365.

[232] Sobre a identificação da força jurídica de cada uma das funções estatais, recomendamos a leitura das valiosas considerações de BANDEIRA DE MELLO, Oswaldo Aranha. *Princípios Gerais de Direito Administrativo*. 3. ed., São Paulo, Malheiros Editores, 2007, p.4-49.

Todavia, se considerarmos que ambas as funções interpretam e aplicam normas jurídicas a casos concretos, com a diferença de que na função jurisdicional tal aplicação é dotada da força jurídica da coisa julgada, chega a ser intuitivo concluir-se que a teoria dos precedentes possa ser também aplicada no âmbito da função administrativa.[233] *Isto porque, interpretações divergentes e, por conseguinte, decisões conflitantes, também podem ocorrer no âmbito da função administrativa.*

Em verdade, tudo o que foi registrado até o momento sobre precedentes judiciais nos países de tradição romanista é aplicável aos precedentes administrativos.

Assim, a utilização cada vez mais acentuada pelo legislador de conceitos jurídicos indeterminados, cláusulas gerais e a escalada da força normativa dos princípios, fazem com que se majore a possibilidade de aplicação desigual da lei também no âmbito administrativo. *Estes "poros" que tornam mais inseguros e imprevisíveis a maneira pela qual será aplicada determinada norma jurídica, por transferirem maiores poderes ao aplicador do Direito, insufla o interesse pelos precedentes administrativos, que passam a ser um valioso instrumento de proteção dos administrados frente a possíveis desvios do administrador público, cada vez mais incumbido na tarefa de densificar o conteúdo das normas jurídicas.*[234]

Desta forma, todas as nossas considerações e conclusões anteriores sobre conceitos jurídicos indeterminados, cláusulas gerais e a invulgar posição dos princípios jurídicos na hierarquia normativa, também se aplicam aos precedentes administrativos.

Todavia, algumas considerações precisam ser feitas no que concerne à discricionariedade administrativa, que é o principal campo de atuação dos precedentes administrativos.[235] Tal observação será feita ao longo do capítulo seguinte.

---

[233] *Vide* GAMBOA, Jaime Orlando Santofino; op. cit., p. 48-49.

[234] Neste sentido, são preciosos os apontamentos de Paulo Otero: "A legalidade administrativa deixa de ser apenas aquilo que o legislador diz, segundo impunham os postulados teóricos do princípio da separação dos poderes, podendo também ser aquilo que a Administração Pública ou os tribunais entendem que o legislador diz ou o que a lei permite que eles digam ser o Direito vinculativo da Administração Pública"; OTERO, Paulo; op. cit., p. 163.

[235] HOURSON, Sébastien. *Quand le principe d'égalité limite l'exercice du pouvoir discrétionnaire: le précédent administratif.* Paris: Éditions Dalloz, RFDA, juillet-août 2013, p. 745.

4
PRECEDENTES ADMINISTRATIVOS NO DIREITO ADMINISTRATIVO BRASILEIRO

4.1 PRELIMINARMENTE: HETEROVINCULAÇÃO E AUTOVINCULAÇÃO

Ao iniciarmos nossas pesquisas sobre os precedentes administrativos, frequentemente nos deparamos com as expressões *autovinculação* e *heterovinculação* da Administração Pública.[236] A utilização de tais expressões não é despropositada, pois de fato os precedentes administrativos inserem-se na categoria *autovinculação da administração pública*.

Etimologicamente, *heterovinculação* é a somatória do prefixo grego *heter (o)* com o substantivo vinculação. Tal prefixo significa outro, diferente. Logo, heterovinculação significa estar vinculado a outro ou coisa diferente daquela que é vinculada. *É a não vinculação a si próprio.*

---

[236] PIELOW, Johann-Cristian. Integración del ordenamiento jurídico: autovinculaciones de la Administración. In: MUNOZ, GUILHERMO; SALOMONI, Jorge. *Problemática de la Administración Contemporánea*. Buenos Aires, Ad-Hoc, 1997, p. 47-83; MODESTO, Paulo. Autovinculação da Administração Pública. Salvador: *Revista Eletrônica de Direito do Estado*, n. 24, p. 1-18, 2010; ARAGÃO, Alexandre Santos. Teoria das Autolimitações Administrativas: Atos Próprios, Confiança Legítima e Contradição entre órgãos administrativos. Salvador, *Revista Eletrônica de Direito do Estado*, n. 14, p. 1-15, 2008.

Heterovinculação administrativa, portanto, é a submissão da Administração Pública a pautas decisórias que não provêm dela, mas sim de fora.[237] É o caso, por exemplo, da Constituição, das leis, das súmulas vinculantes, das ações diretas de inconstitucionalidade. Todos estes instrumentos externos vinculam a atuação da Administração.

Se heterovinculação significa estar vinculado a pessoa ou coisa diferente daquela que é vinculada, *autovinculação*, que etimologicamente é a junção do radical de origem grega *auto* com o substantivo vinculação, significa estar vinculado a *si mesmo*.

Assim, *autovinculação administrativa* significa que a Administração Pública está vinculada a pautas decisórias que provêm de seu próprio âmbito de atuação.[238] Tomando-se em conta a *estrutura jurídica* das diversas hipóteses de autovinculação administrativa, podemos subdividi-la da seguinte maneira: *(i) autovinculação administrativa unilateral, individual e concreta; (ii) autovinculação administrativa unilateral, geral e abstrata (iii) autovinculação administrativa bilateral, individual e concreta*.

Na *autovinculação administrativa unilateral, individual e concreta* inserem-se os atos administrativos em sentido estrito,[239] dos quais se extraem os atos próprios e os precedentes administrativos – ambos decorrentes de atuações administrativas concretas. Os precedentes administrativos, alvo de nosso trabalho, serão explorados ao longo deste capítulo, enquanto os atos próprios serão tratados a propósito das figuras próximas aos precedentes administrativos.[240] Todavia, registre-se desde já que os atos próprios diferenciam-se dos precedentes administrativos quanto a extensão de seus efeitos.

---

[237] PIELOW, Johann-Cristian; op. cit., p. 57.

[238] Ibidem, p. 57.

[239] Segundo Celso Antônio Bandeira de Mello, ato administrativo em sentido estrito é a "a declaração unilateral do Estado no exercício de prerrogativas públicas, manifestada mediante comandos concretos complementares da lei (ou, excepcionalmente, da própria Constituição), expedidos a título de lhe dar cumprimento e sujeitos a controle de legitimidade por órgão jurisdicional"; ibidem, p. 394.

[240] *Vide* item 4.3.

A *autovinculação administrativa unilateral, geral e abstrata* decorre, por exemplo, dos regulamentos e das súmulas.

Os regulamentos, como sabemos, são atos gerais e (via de regra) abstratos expedidos pelo Chefe do Poder Executivo, que *vinculam* Administração Pública[241] e tem por objetivo produzir "disposições operacionais uniformizadoras necessárias à execução de lei cuja aplicação demande a atuação da Administração Pública".[242] Estas disposições operacionais uniformizadores, que oferecem maior previsibilidade às ações administrativas e tratamento isonômico dos administrados, referem-se *tanto* ao estabelecimento de *regramentos procedimentais*[243] (= uniformidade de procedimento), que restringe a discricionariedade administrativa no que se refere ao modo de se aplicar a lei, *quanto* a dissipação de dúvidas oriundas dos termos utilizados pela lei, vez por outra vagos e imprecisos – que também tem por consequência a restrição da discricionariedade administrativa. Os regulamentos também facilitam a interpretação da lei quando esta se vale de conceitos sintéticos (= função interpretativa dos regulamentos).[244]

Como se vê, os regulamentos autovinculam a Administração Publica, que só poderá deixar de observá-los após a sua revogação ou invalidação,[245] quer pela própria Administração (autotutela) ou pelo

---

[241] Neste sentido, assim anota Celso Antônio Bandeira de Mello: "De outra parte, entretanto, não há dúvida que o regulamento vincula a Administração e firma para o administrado exoneração de responsabilidade ante o Poder Público por comportamentos na conformidade dele efetuados"; ibidem, p. 372. Paulo Modesto também é enfático ao falar dos regulamentos como instrumento de autovinculação: "O regulamento, em especial, por sua expressão eminente na hierarquia dos atos normativos de natureza administrativa, são de longa data reconhecidos como *veículos de autolimitação da Administração Pública*"; MODESTO, Paulo. Autovinculação da Administração Pública. Revista Eletrônica de Direito do Estado (REDE), Salvador, Instituto Brasileiro de Direito Público, n. 24, p. 12, out./nov./dez. 2010. Disponível em: <http://www.direitodoestado.com/revista/REDE-24-OUTUBRO-2010-PAULO-MODESTO.pdf>. Acesso em: 12 de abril de 2012.

[242] BANDEIRA DE MELLO, Celso. *Curso de Direito Administrativo*; op. cit., p. 351.

[243] Ibidem, p. 360.

[244] BANDEIRA DE MELLO, Celso Antônio. *Curso de Direito Administrativo;* op. cit., p. 373.

[245] *Vide* Súmulas 346 e 473 do Supremo Tribunal Federal.

Poder Judiciário (invalidação). Dos regulamentos, registremos, podem surgir precedentes administrativos, assim como podem ser superados precedentes administrativos, quando de sua revogação ou invalidação – total ou parcial.

As súmulas, como dissemos por ocasião da análise dos precedentes judiciais no Direito brasileiro, nada mais são do que enunciados normativos dotados de *generalidade* e *abstração* emitidos pelo Estado, no caso a Administração Pública, com o propósito de uniformizar a interpretação sobre determinado assunto, a partir de uma decisão ou de reiteradas decisões. Deveras, as *súmulas administrativas* nada mais são do que precedentes administrativos materializados em um texto normativo dotado de *generalidade* e *abstração*. É em função desta origem derivada de casos concretos que para se aplicar uma súmula deve-se, além do seu texto, analisar o contexto fático do ou dos precedentes dos quais ela foi extraída. Caso isso não seja feito, corre-se o risco de se ter a mesma dificuldade quando da aplicação de uma lei – ou de qualquer outra regra jurídica dotada de generalidade e abstração –, qual seja: *interpretações destoantes*. Assim, aquilo que foi cunhado para dirimir interpretações destoantes, pode se tornar um novo obstáculo à pretendida uniformidade da aplicação do Direito.

Dois bons exemplos de súmulas no âmbito da Administração Pública são as súmulas da Advocacia Geral da União, editadas com base no Decreto n. 2.346/1997 (art. 2º)[246] e na Lei Complementar n. 73/1993 (art. 43),[247] e as súmulas das Agências Regularas, como por exemplo a ANATEL (Agência Nacional de Telecomunicações).

---

[246] "Art. 2º Firmada jurisprudência pelos Tribunais Superiores, a Advocacia-Geral da União expedirá súmula a respeito da matéria, cujo enunciado deve ser publicado no Diário Oficial da União, em conformidade com o disposto no art. 43 da Lei Complementar n. 73, de 10 de fevereiro de 1993". (BRASIL. Decreto n. 2.346, de 10 de outubro de 1997. Consolida normas de procedimentos a serem observadas pela Administração Pública em razão de decisões judiciais, regulamenta os dispositivos legais que menciona, e dá outras providências. Brasília, *Diário Oficial da União*, 13 out. 1997).

[247] "Art. 43. A Súmula da Advocacia-Geral da União tem caráter obrigatório quanto a todos os órgãos jurídicos enumerados nos arts. 2º e 17 desta lei complementar. § 1º O enunciado da Súmula editado pelo Advogado-Geral da União há de ser publicado no Diário Oficial da

Por fim, a *autovinculação administrativa bilateral, individual e concreta* é a autovinculação da Administração Pública a partir de relações jurídicas formadas por um acordo de vontades, tal como os contratos administrativos.[248]

4.2 CONCEITO DE PRECEDENTES ADMINISTRATIVOS

Da mesma maneira do que ocorre com os precedentes judiciais, todos os cidadãos possuem, no âmbito administrativo, o direito fundamental à igualdade na aplicação da Lei – ou de qualquer ato normativo dotado de generalidade e abstração –, assim como ao prévio conhecimento das soluções da Administração Pública em determinados casos concretos. Esta afirmação nada mais significa de que os precedentes administrativos devem ser observados pela Administração Pública, sob pena de violação dos princípios da igualdade e da segurança jurídica.

O simples fato de se invocar os princípios da igualdade e da segurança jurídica, além de outros princípios que veremos mais adiante, *já seria motivo suficiente para a adoção dos precedentes administrativos com eficácia vinculante em nossa ordem jurídica*. Todavia, poderíamos acrescentar mais um motivo, extrajurídico, mas de grande relevância prática, qual seja: a judicialização extremada do Direito Administrativo[249] e, por conseguinte, a politização indesejada do Poder Judiciário.

União, por três dias consecutivos. § 2º No início de cada ano, os enunciados existentes devem ser consolidados e publicados no Diário Oficial da União". (BRASIL. Lei Complementar n. 73, de 10 de fevereiro de 1993. Institui a Lei Orgânica da Advocacia-Geral da União e dá outras providências. Brasília, *Diário Oficial da União*, 11 fev. 1993).

[248] A definição de contrato administrativo de André Luis Freire é bem apropriada para visualizarmos este tipo de autovinculação: "[...] contrato administrativo é o ato administrativo bilateral introdutor de normas jurídicas infralegais individuais, concretas, obrigatórias para as partes (sendo uma delas entidade da Administração Pública) e reguladoras de uma relação jurídica obrigacional"; FREIRE, André Luis. *Manutenção e Retirada dos Contratos Administrativos*. São Paulo: Malheiros Editores, 2008, p. 54.

[249] "[...] Direito Administrativo regressará em tais sectores, deste modo, à sua origem pretoriana e a Administração Pública transformar-se-á aqui numa simples estrutura intermediária de aplicação em primeira instância do Direito num caso concreto que, num momento imediatamente subsequente, será objeto de impugnação judicial"; OTERO, Paulo; op. cit., p. 169.

Na medida em que observamos que perante a Administração Pública a aplicação não isonômica das normas jurídicas também é uma situação corriqueira, em função das razões já apontadas (princípios jurídicos, técnica de elaboração das leis e, ainda, a discricionariedade administrativa), fácil concluir que muitas demandas judiciais também se impulsionam pelo inconformismo gerado pela aplicação desigual da lei e pela incoerência administrativa.[250]

Não obstante estas considerações, fato é que a doutrina brasileira pouco tem se dedicado ao tema dos precedentes administrativos. Em verdade, não encontramos em nossa literatura jurídica *obras monográficas* que tratem deste assunto, ao nosso ver de *inquestionável relevância para a defesa dos administrados*.

Oswaldo Aranha Bandeira de Mello, em sua obra clássica *Princípios Gerais de Direito Administrativo* aborda rapidamente o tema dos precedentes administrativos.[251] Para o autor, precedente administrativo é a "atividade interna da Administração Pública, reiterada e uniforme, formando a

---

[250] Até pouco tempo atrás, um bom exemplo desta situação foi a discussão travada no âmbito administrativo e judicial acerca da possibilidade dos professores dos Institutos Federais de Educação, Ciência e Tecnologia, progredirem na carreira em função de sua titulação e independentemente do transcurso de qualquer lapso temporal. Todo o embate travado girava em torno do art. 120, da Lei 11.784/2008. O § 1º deste artigo, passou a exigir para a progressão por titulação interstício de 18 (dezoito) meses, requisito estranho ao regime jurídico anterior, que não exigia o transcurso de qualquer lapso temporal, mas apenas a titulação do professor. Ocorre, porém, que o § 5º do mesmo artigo 120 estabelecia que enquanto o Poder Executivo não regulamentasse este artigo, continuaria eficaz os artigos 13 e 14 da Lei n. 1.344/2006, que, como dito, não previam a necessidade de interstício para a progressão, apenas a titulação. Apesar do assunto já estar superado, visto que o Decreto n. 7.806/2012, em seu artigo 11, reconheceu a desnecessidade do interstício até então, inúmeras decisões administrativas conflitantes foram dadas por todo o país. Ora, tal cenário proporcionou uma série de problemas na concessão de progressão por titulação aos professores, pois existiram Institutos Federais de Educação que concediam os pedidos de progressão com base apenas na titulação e outros que exigiam o interstício. Não havia, portanto, uniformidade no tratamento do tema, o que acarretava na aplicação não isonômica da Lei e, por consequência, na proliferação de demandas judiciais (idênticas) pelo país. Obviamente que se se tivesse firmada a ideia de que os precedentes administrativos vinculam a Administração Pública, possivelmente o número de pedidos administrativos e de demandas judiciais seriam reduzidos substancialmente.

[251] BANDEIRA DE MELLO, Oswaldo Aranha; op. cit., p. 393.

jurisprudência administrativa, no decidir casos individuais, ao aplicar as regras normativas e ao executar outros atos jurídico-administrativos".

Poucas linhas adiante, Oswaldo Aranha registra que os precedentes administrativos, assim como a *praxe administrativa* (= prática administrativa), não vinculam (obrigam) a Administração Pública, o que significa dizer que não gozam de relevância jurídica.[252]

Ousamos discordar do saudoso professor. Para nós, conforme veremos a seguir, os precedentes administrativos gozam de eficácia jurídica em nosso ordenamento jurídico e possuem natureza vinculante.

Feitas estas breves considerações, foquemos nossas atenções ao conceito de precedentes administrativos.[253]

Para nós, *precedente administrativo é a norma jurídica extraída por indução de um ato administrativo individual e concreto, do tipo decisório, ampliativo ou restritivo da esfera jurídica dos administrados, e que vincula o comportamento da Administração Pública para todos os casos posteriores e substancialmente similares. Em outras palavras: casos substancialmente similares deverão ter a mesma solução jurídica por parte da Administração Pública.*

Deste conceito de precedente administrativo algumas observações podem ser formuladas.

---

[252] BANDEIRA DE MELLO, Oswaldo Aranha; op. cit., p. 393. Em sentido oposto: MOREIRA NETO, Diogo de Figueiredo. Curso de Direito Administrativo. Rio de Janeiro, Editora Forense, 16. ed., 2014, p. 72-73.

[253] Para Parada Vázquez, constitui um precedente administrativo "la forma en que se resolvió con anterioridad un único asunto, análogo a otro pendiente de resolución" (*Derecho administrativo I. Parte General*. Decimo quinta edición. Marcial Pons, 2004, p. 74. Felipe Rotondo Tornaría conceitua precedente administrativo da seguinte maneira: "El precedente administrativo es, pues, una 'conducta previa' de la administración que contiene un acto anterior que resuelve un caso similar a otro, actual, por lo cual aquel tiene efectos hacia el futuro, momento en que se dirá que se actúa 'como se hizo antes' o incluso 'como se ha hecho siempre"; *Conducta previa de la administración: Existe el precedente administrativo?* Artigo da obra coletiva: Seguridad Jurídica y Derecho Administrativo. Miguel Pezzutti (coordenador). Montevideo: Fundación de Cultura Universitária, 2011, p. 172. Domingo Juan Sesin: "El precedente administrativo es una actuación cumplida com anterioriedad que por su fuerza vinculante, a tenor de los princípios referidos, obliga al órgano competente a mantener la uniformidad y coherencia para los casos similares posteriores"; *Administración Pública. Actividad Reglada, Discrecional y Técnica*. Buenos Aires: Lexis Nexis, 2004, p. 359.

GUSTAVO MARINHO DE CARVALHO

Natureza jurídica dos precedentes administrativos

A primeira refere-se à *natureza jurídica* dos precedentes administrativos. Como destacado em nosso conceito, entendemos que se trata de uma *norma jurídica* – o que lhe confere *status* de fonte do direito.[254]

Para Kelsen, norma significa que "algo deve ser ou acontecer" e norma jurídica nada mais seria do que um tipo de norma, que também estabelece que algo deve ser, e cuja inobservância gera uma consequência, coercitivamente exigível pelo Estado.[255]

Ora, os precedentes administrativos estabelecem também um *dever ser*, cuja peculiaridade dá-se pelo fato deste *"dever ser"* ser obtido a partir de casos concretos (indução), e a sua inobservância acarreta consequências jurídicas, a serem impostas coercitivamente pelo Estado – conforme veremos adiante. *São, portanto, normas jurídicas.*

Considerando-se que os precedentes administrativos são normas jurídicas, é possível alocá-los na pirâmide kelseniana. A nosso ver, os precedentes administrativos estão localizados acima dos atos administrativos individuais e concretos (atos administrativos em sentido estrito), e abaixo da Constituição, leis e regulamentos.

Eficácia vinculante dos precedentes administrativos

A segunda consideração a ser feita refere-se à eficácia vinculante dos precedentes administrativos (= obrigatoriedade), que ao lado das consequências da inobservância dos precedentes administrativos, conferem a estes o *status* de norma jurídica.

---

[254] MARTÍNEZ, Augusto Durán. *El Precedente Administrativo*. In: MUÑOZ, Jaime Rodríguez--Arana; GARCÍA, Miguel Ángel Sendín (coord.). Fuentes del Derecho Administrativo. Buenos Aires, Ediciones Rap, 2010, p. 697.

[255] KELSEN, Hans. Teoria Pura do Direito, p. 5 e s. Miguel Reale possuí um conceito muito interessante de norma jurídica: "O que efetivamente caracteriza uma norma jurídica, de qualquer espécie, é o fato de ser uma estrutura proposicional enunciativa de uma forma de organização ou de conduta, que deve ser seguida de maneira objetiva e obrigatória; REALE, Miguel. *Lições Preliminares de Direito*. São Paulo, Editora Saraiva, 25. ed., 2001, p. 95.

A eficácia vinculante é fundamental para sustentar o conceito apresentado de precedentes administrativos.[256] Isto porque, à semelhança dos precedentes judiciais, os precedentes administrativos sempre puderam ser invocados pelo administrado para sustentar sua pretensão perante a Administração Pública, que por sua vez também poderia invocar soluções anteriores para sustentar suas decisões. Contudo, a invocação do precedente administrativo servia apenas como *instrumento de persuasão*, ou seja, o precedente era despido de qualquer relevância jurídica, pois a Administração Pública, tal como infelizmente o faz o Poder Judiciário, poderia simplesmente desconsiderá-lo, por inexistir qualquer ônus argumentativo ou consequência jurídica. Em suma, não se considerava os precedentes administrativos como normas jurídicas.

Desta forma, se quisermos dotar de relevância jurídica os precedentes administrativos, será preciso nos debruçarmos sobre o tema da eficácia vinculante, especialmente quanto aos seguintes pontos: *(i) quais são fundamentos jurídicos para a eficácia jurídica vinculante dos precedentes administrativos; (ii) quais são as consequências jurídicas da inobservância dos precedentes administrativos.*

Estes pontos, registre-se, serão desenvolvidos em itens específicos ao logo deste trabalho.

Obtenção do precedente pelo método indutivo

A terceira observação refere-se ao fato dos precedentes administrativos serem extraídos por *indução* de atos administrativos individuais e concretos.[257]

Como dissemos anteriormente, o método indutivo é o procedimento em que se parte de uma premissa particular (caso concreto) para se obter uma conclusão geral. Assim, no caso dos precedentes

---

[256] Neste mesmo sentido, DÍEZ-PICAZO, Luis M. *La doctrina del precedente administrativo*. Revista de Administración Pública, Madrid, n. 98, 1982, p. 7-46.

[257] DÍAZ, José Ortiz. *El Precedente Administrativo*. Madrid, Revista de Administración Pública, n. 24, 1957, p. 102-103.

administrativos, a *premissa particular* é o ato administrativo individual e concreto e a *conclusão geral* é o próprio precedente administrativo.

Na esteira de Celso Antônio Bandeira de Mello,[258] entendemos que ato administrativo individual e concreto, também denominado ato administrativo em sentido estrito, é "a declaração unilateral do Estado no exercício de prerrogativas públicas, manifestada mediante comandos concretos complementares da lei (ou, excepcionalmente, da própria Constituição), expedidos a título de lhe dar cumprimento e sujeitos a controle de legitimidade por órgão jurisdicional".

Mas quais elementos e pressupostos do ato administrativo individual e concreto são mais relevantes para a obtenção de um precedente administrativo? Partindo da classificação de Celso Antônio Bandeira de Mello, entendemos que os precedentes administrativos relacionam-se com o *conteúdo do ato administrativo* (elemento) e o *motivo do ato* (pressuposto de validade).

O *conteúdo* é aquilo que o ato dispõe, aquilo que o ato prescreve, decide; é a modificação que o ato administrativo ocasiona na ordem jurídica. O precedente administrativo estabelece justamente que esta disposição, prescrição, modificação, deva ser observada pela Administração Pública em casos posteriores e substancialmente similares.

Ora, se é preciso que haja situações *substancialmente similares* para que o precedente administrativo possa ser utilizado, o *motivo do ato* passa a ser de extrema valia, pois é a partir da análise deste pressuposto de validade que se poderá afirmar que determinado precedente pode ser aplicado a determinada situação. E por *motivo do ato* entendemos ser a "*situação do mundo empírico que deve ser tomada em conta para a prática do ato*".[259]

Feitas estas considerações, passemos a aprofundar a análise dos precedentes administrativos.

---

[258] BANDEIRA DE MELLO, Celso. *Curso de Direito Administrativo*, p. 394.
[259] Ibidem, p. 405.

4.3 FIGURAS PRÓXIMAS AOS PRECEDENTES ADMINISTRATIVOS: COSTUME, PRÁTICA ADMINISTRATIVA, ATOS PRÓPRIOS E ANALOGIA

Os precedentes administrativos possuem características próprias, que os apartam de outros institutos de Direito, vez por outra invocados pelos estudiosos da matéria: *costume, prática administrativa, atos próprios e analogia*.

Vejamos brevemente cada um deles.

4.3.1 Costume

O primeiro instituto que poderia ser confundido com os precedentes administrativo é o *costume*. Tal como será reiterado mais a frente, os precedentes administrativos (assim como os precedentes judiciais) não se confundem, em hipótese alguma, com os costumes.

A razão para a distinção entre estes dois institutos funda-se na origem de cada um: *os costumes nascem das práticas reiteradas de determinada população em determinado território e em determinada época, enquanto os precedentes administrativos formam-se a partir de atos administrativos (unilateral, individual e concreto) emitidos pela Administração Pública. Os precedentes, portanto, são normas jurídicas de origem estatal, enquanto os costumes são normas jurídicas de origem não-estatal.*[260]

Outra razão que pode ser invocada para se apartar os precedentes administrativos dos costumes é a *reiteração*. Ao nosso ver, para que se forme um precedente administrativo não é necessário que a Administração Pública tenha prolatado dois ou mais atos com o mesmo conteúdo e diante situações fáticas substancialmente semelhantes. Para se invocar um precedente administrativo basta existir um único ato sobre determinado suporte fático.

---

[260] LOSANO, Mario G. *Os Grandes Sistemas Jurídicos*. São Paulo, Martins Fontes, 2007, p. 318.

Esta mesma situação não ocorre com os costumes. Ao contrário dos precedentes administrativos, os costumes pressupõem a reiteração de determinada conduta. Não se pode dizer que certo comportamento converge com os costumes de determinado povo se este comportamento não tenha se sedimentado ao longo de determinado período de tempo. Os costumes vivem na consciência do povo, o que exige a reiteração e o transcurso de determinado lapso temporal.[261]

Augusto Durán Martínez,[262] eminente professor uruguaio que se dedicou ao estudo dos precedentes administrativos, é enfático ao registrar a diferença entre estas duas figuras: "O precedente administrativo se diferencia do costume por sua origem: provém da Administração, não da sociedade, segundo a concepção tradicional, e a conduta pode não ser reiterada."

Neste mesmo sentido, assim assinalam Jaime Rodríguez-Arana Muñoz e Miguel Ángel Sedín García:[263]

> Pois bem, não é muito complicado negar o caráter de costume do precedente. Por um lado, diferentemente desta, não se exige um determinado nível de reiteração, pois ele existe com um mero

---

[261] Como bem registrou Mario G. Losano, os costumes possuem um elemento objetivo e um elemento subjetivo. O objetivo refere-se à reiteração: é preciso haver a repetição de certo comportamento. O subjetivo nada mais é do que a convicção de que este comportamento reiterado é correto; ibidem, p. 319.

[262] MARTÍNEZ, Augusto Durán. *El Precedente Administrativo*. In: MUÑOZ, Jaime Rodríguez-Arana; GARCÍA, Miguel Ángel Sendín (coord.). *Fuentes del Derecho Administrativo*. Buenos Aires: Ediciones Rap, 2010, p. 679.

[263] No original: "Pues bien, no es muy complicado negar el carácter de costumbre del precedente. Por un lado, a diferencia de ésta, no exige un determinado nivel de reiteración, sino que existe con un mero acto aislado. Por otro, porque el precedente administrativo es fruto de la simple acción de la Administración, sin participación de la comunidad, faltando, en consecuencia, la aceptación de esa conducta como norma por la conciencia colectiva "*opinio iuris*". ¿Es el lacto administrativo fuente del derecho en el ordenamiento jurídico español? El Acto Adminitrativo a la luz de las Fuentes de Derecho y como sustento fundamental de la legalid adadminitrativa. In: MUÑOZ, Jaime Rodríguez-Arana; PINILLA, Victor Leonel Benavides (coord.). 2009, p. 40. El Acto Admistrativo Como Fuente del Derecho Administrativo en IberoAmérica. Panamá. Disponível em: <http://www.organojudicial.gob.pa>

ato isolado. Por outro, porque o precedente administrativo é fruto da simples ação da Administração, sem a participação da comunidade, faltando, por consequência, a aceitação desta conduta como norma por consciência coletiva *opinio iuris*.

Notamos, portanto, que os precedentes administrativos não se confundem com os costumes, pois, reforcemos, além de não carecerem de reiteração, os precedentes não nascem do comportamento popular, mas sim do comportamento da Administração Pública.

4.3.2 Práticas administrativas

Os precedentes administrativos também não se confundem com aquilo que se conhece por *práticas administrativas*.

As práticas administrativas são apontadas pela doutrina ora como normas rotineiras que não atingem a esfera jurídica dos administrados, ora como reiteração de precedentes administrativos.

Para primeira acepção da expressão, capitaneada por José Ortiz Díaz,[264] práticas administrativas são normas usuais de caráter e eficiência puramente interna para a Administração Pública. Não atingem, portanto, a esfera jurídica dos administrados, *pois a eles não se dirigem*. Em verdade, as práticas administrativas nada mais seriam do que *rotinas administrativas*.

Oswaldo Aranha Bandeira de Mello,[265] ao tratar das práticas administrativas, segue a mesma linha, pois para ele prática administrativa é a "atividade interna da Administração, reiterada e uniforme, formando um uso, na aplicação de regras jurídicas normativas e outros atos jurídico-administrativos, criando rotina administrativa".

---

[264] DÍAZ, José Ortiz. *El Precedente Administrativo*. Madrid, Revista de Administración Pública, 1957, n. 24, p. 79.
[265] BANDEIRA DE MELLO, Oswaldo Aranha. *Princípios Gerais de Direito Administrativo*. 3.ed., São Paulo, Malheiros Editores, 2007, V. I, p. 393.

Ora, nesta primeira acepção notamos claramente a diferença entre prática administrativa e precedentes administrativos, na medida em que estes atingem a esfera jurídica dos administrados, e aqueles não.

A segunda acepção dada à expressão prática administrativa está relacionada com a reiteração dos precedentes administrativos.[266] Ou seja, representariam o conjunto de decisões sobre determinadas situações. Nesta acepção, por óbvio, prática administrativa e precedentes administrativos não se confundem, já que a *prática administrativa* nada mais seria do que o *substantivo coletivo* de precedente administrativo.

4.3.3 Atos próprios

No item em que tratamos da *autovinculação administrativa* e da *heterovinculação administrativa*, adiantamos que apesar de pertencerem à mesma categoria (autovinculação unilateral, individual e concreta), os precedentes administrativos e os atos próprios não se confundem.

O ponto que aproxima a teoria dos atos próprios, usualmente relacionados com os brocardos *venire contra acto proprium non valet* e *nemo pro iure contra factum propium*, e os precedentes administrativos relaciona-se com o propósito comum de ambos, qual seja: *impedir a contradição da Administração Pública entre a conduta atual e uma conduta anterior*. É dizer: ambos objetivam a manutenção da coerência da Administração Pública.[267]

De acordo com Alejandro Borda,[268] a teoria dos atos próprios é uma regra de direito "derivada do princípio geral da boa-fé, que sanciona

---

[266] DÍEZ-PICAZO, Luís; op. cit., p. 44. *Vide* também: MARTÍNEZ, Augusto Durán. El Precedente Administrativo. *In*: MUÑOZ, Jaime Rodríguez-Arana; GARCÍA, Miguel Ángel Sendín (coord.). Fuentes del Derecho Administrativo. Buenos Aires, Ediciones Rap, 2010, p. 680.

[267] MARIAL, Hector. *La doctrina de los proprios actos y la Administración Pública*. Buenos Aires, Depalma, 1988.

[268] BORDA, Alejandro. *La Teoria de Los Actos Propios*. Buenos Aires, Abeledo-Perrot, 2005, p. 56.

como inadmissível toda pretensão lícita mas objetivamente contraditória com relação ao comportamento anterior de um mesmo sujeito".

Imagine-se, por exemplo, que a Administração Pública, para renovar determinada autorização de exploração de jazida mineral exigisse que o administrado implementasse uma série de modificações e melhorias no local. Realizadas as medidas exigidas pela Administração Pública para a renovação da autorização, esta, por razões de conveniência e oportunidade, resolve não renová-la. Neste caso, notamos uma inequívoca contradição entre a conduta inicial da Administração Pública e a decisão de não renovar a autorização. Para a teoria dos atos próprios, mesmo sabendo que a autorização é um ato unilateral e dotado de discricionariedade administrativa, a conduta da Administração é ilícita, podendo ser invalidada ou, pelo menos, ocasionará a reparação dos danos suportados pelo administrado.[269]

A diferença substancial entre precedentes administrativos e os atos próprios, portanto, reside no fato de que nestes os sujeitos envolvidos devem ser os mesmos,[270] formando uma mesma relação jurídica.[271] No exemplo acima, Administração e administrado eram os mesmos e a contradição ocorrida deu-se no bojo de uma mesma relação jurídica.

As mesmas exigências não existem quando tratamos dos precedentes administrativos. Isto porque, os precedentes não exigem a identidade de partes, pelo menos no que se refere ao administrado. Apenas a

---

[269] MARTÍNEZ, Augusto Durán. *El Precedente Administrativo. In*: MUÑOZ, Jaime Rodríguez--Arana; GARCÍA, Miguel Ángel Sendín (coord.). *Fuentes del Derecho Administrativo*. Buenos Aires, Ediciones Rap, 2010, p. 687.

[270] Em obra dedicada ao estudo dos atos próprios, Alejandro Borda anota o seguinte: "El tecer elemento necesario para que pueda aplicarse esta teoria de los próprios actos es, como ya ló adelantáramos (punto 76), la necesidad de que los sujetos que intervienen en ambas conductas – como emisor o como receptor – Sean lós mismos. El sujeto activo, esto es la persona que há observado determinada conduta – com fundamento em uma faculdad o um derecho subjetivo –, debe ser El mismo que pretende luego contra decir esa primera conducta. El sujeto pasivo, es decir, la persona que há sido receptor o destinatario de ambas conductas, también debe ser El mismo. Si falta tal identidad, no puede aplicar-se la teoría en estúdio"; BORDA, Alejandro. *La teoria de losactosproprios;* op. cit., p. 85-86.

[271] DÍEZ-PICAZO, Luis; op. cit., p. 16.

Administração Pública deve ser a mesma, pois é ela que está vinculada aos seus atos anteriores. Se as partes não são rigorosamente as mesmas, conclui-se que os precedentes administrativos não se operam em uma mesma relação jurídica, mas sim irradiam seus efeitos para outras relações.

4.3.4 Analogia

Os precedentes administrativos também não se confundem com a *analogia*.

A analogia,[272] como sabemos, é um instrumento jurídico destinado à integração do Direito (autointegração),[273] à colmatação de lacunas. Consiste na utilização de uma regra jurídica cuja hipótese se assemelha a um caso não contemplado direta ou especificamente por uma regra jurídica.[274] Em outras palavras, na ausência de regulamentação de determinado fato do mundo fenomênico, utiliza-se os preceitos de uma regra jurídica cuja hipótese de incidência se assemelha ao caso não regulado.

A analogia, como se nota, pressupõe a ausência de uma regra jurídica.

Ao revés, os precedentes administrativos (e os judiciais também) pressupõem a existência de regra jurídica, ou seja, sua utilização não está atrelada à inexistência de uma norma jurídica[275]. Os precedentes não atuam no vácuo normativo.

É bem verdade que em matéria de lacunas, os precedentes administrativos, assim como os judiciais, podem ser úteis. A partir do momento

---

[272] *Ubie adem est ratio, ibi eadem dispositio juris esse debet.*

[273] Segundo Maria Helena Diniz, *autointegração* é o "método pelo qual o ordenamento jurídico se completa, recorrendo à fonte dominante do direito: a lei.". Ela se diferencia da heterointegração, que é a comaltação de lacunas através de "fontes diversas da norma legal", tais como o costume e a equidade; DINIZ, Maria Helena. *As lacunas no direito*. São Paulo, Saraiva, 2007, p. 139.

[274] Ibidem, p. 139-140.

[275] DIEZ-PICAZO, Luis; op. cit., p. 17.

que uma lacuna é colmatada por um dos mecanismos previstos em nosso ordenamento jurídico (analogia, costumes e princípios gerais de direito – art. 4º da Lei de Introdução às Normas do Direito Brasileiro), *fixa-se determinada solução*, que por exigência dos princípios da igualdade, segurança jurídica, boa-fé e eficiência deverá ser utilizada em casos substancialmente similares.

A analogia, portanto, é anterior ao precedente administrativo, dada a sua função integrativa, e com ele não se confunde.

4.4 OS FUNDAMENTOS PARA A EFICÁCIA VINCULANTE DOS PRECEDENTES ADMINISTRATIVOS NO DIREITO ADMINISTRATIVO BRASILEIRO

Como dissemos anteriormente, uma rápida pesquisa pela doutrina brasileira, nos revela que o tema dos precedentes administrativos não é dos mais estudados. Daí decorre o fato de não possuirmos em nosso país regras jurídicas voltadas especificamente a estabelecer os contornos dos *precedentes administrativos*, a exigir, nessa medida, maior esforço argumentativo para justificar a eficácia vinculante dos precedentes.

Afigura-se-nos que a eficácia vinculante dos precedentes administrativos pode ser extraída a partir dos princípios da igualdade, segurança jurídica, boa-fé e da eficiência, dotados de eficácia normativa, assim como pela interpretação dos arts. 2º, parágrafo único, XIII, e art. 50, VII, ambos da Lei de Processo Administrativo Federal.

Nos itens seguintes analisaremos cada um dos princípios mencionados, bem como os dispositivos legais mencionados.

Antes, porém, é interessante anotarmos que os dois dispositivos legais que serão utilizados para fundamentarmos a eficácia vinculante dos precedentes administrativos versam justamente sobre o que denominamos de *superação dos precedentes administrativos*. Outrossim, partiremos do momento em que a Administração Pública deixará de observar um precedente administrativo em determinado caso, para justificarmos que estes devem ser obrigatoriamente observados caso não se esteja diante de uma hipótese de superação do precedente administrativo.

Vejamos, portanto, os princípios jurídicos que servem de fundamento para a eficácia vinculante dos precedentes administrativos, para depois nos determos às regras jurídicas que também contribuem para fundamentar os precedentes.

4.4.1 Os princípios jurídicos que fundamentam o efeito vinculante dos precedentes administrativos

A invocação de certos princípios jurídicos é suficiente para fundamentar a eficácia vinculante dos precedentes administrativos no Direito Administrativo brasileiro. Isto porque, como vimos anteriormente, os princípios jurídicos são normas jurídicas, tal como as regras, dotadas de *elevada* normatividade. Esta invulgar força jurídica permite que os princípios jurídicos sirvam de fundamento para um instituto jurídico, ainda que não regulado pela legislação.

Ademais, em nossas pesquisas observamos que em todos os países em que se estuda o tema dos precedentes administrativos, não se tem legislação específica sobre o assunto, o que faz com que os autores que se debruçam sobre o tema busquem nos princípios jurídicos a fundamentação dos precedentes administrativos com força vinculante.

Vejamos, portanto, os princípios jurídicos que servem de amparo aos precedentes administrativos.

4.4.1.1 Princípio da igualdade

Entre todos os princípios que conferem força normativa aos precedentes administrativos, sem dúvida alguma é o princípio da igualdade o mais relevante. E esta afirmação não é novidade, pois, ao longo deste trabalho, registramos a relevância do princípio da igualdade para os precedentes, sejam eles judiciais ou administrativos.

Como sabemos, atribuem-se a Aristóteles os louros da máxima amplamente disseminada que preconiza o tratamento *igual aos iguais e desigual aos desiguais, na medida dessa desigualdade.*[276] É dizer: inexistindo qualquer razão para que se estabeleça tratamento jurídico diferente entre as pessoas, deve-se tratá-las da mesma maneira.

No Brasil, o princípio da igualdade, tido como o mais vasto dos princípios constitucionais[277] e inerente à ideia de República[278] — com o que concordamos inteiramente —, sempre mereceu previsão expressa em nossos textos constitucionais.

Ocorre que a análise jurídica do princípio da igualdade sempre teve em mira o momento da elaboração da lei. Expressões frequentemente utilizadas como *igualdade perante a lei* (igualdade formal)[279] ou *igualdade na lei* (igualdade material),[280] revelam que é no plano abstrato da norma jurídica que sempre se analisou o princípio da igualdade (o

---

[276] NUNES JÚNIOR, Vidal Serrano; ARAÚJO, Luiz Alberto David. *Curso de direito constitucional.* 5.ed., São Paulo, Saraiva, 2001, p. 90.

[277] BASTOS, Celso Ribeiro. *Curso de direito constitucional.* 14.ed., São Paulo, Saraiva, 1991, p. 170.

[278] Vejamos o destaque de Geraldo Ataliba, em sua monumental obra "República e Constituição":"Não teria sentido que os cidadãos se reunissem em república, erigissem um Estado, outorgassem a si mesmos uma Constituição, em termos republicanos, para consagrar instituições que tolerassem ou permitissem — seja de modo direto, seja indireto — a violação da igualdade fundamental, que foi o próprio postulado básico, condicional da ereção do regime"; ATALIBA, Geraldo. *República e Constituição.* 2. ed., São Paulo, Malheiros Editores, 2004, p. 160.

[279] Como anota Celso Antônio Bandeira de Mello, Hans Kelsen assinala que esta expressão não possui qualquer significação, já que a igualdade perante a lei significa apenas que os órgãos que aplicam o direito devem aplicar a lei conforme elas estabelecem. Diz o mestre de Viena:"Colocar, o problema, da igualdade perante a lei, é colocar simplesmente que os órgãos de aplicação do direito não tem o direito de tomar considerações senão as distinções feitas nas próprias leis a aplicar, o que se reduz a afirmar simplesmente o princípio da regularidade da aplicação do direito em geral; princípio que é imanente a toda ordem jurídica e o princípio da legalidade da aplicação das leis, que é imanente a todas as leis — em outros termos, o princípio de que as normas devem ser aplicadas conforme as normas"; HANS, Kelsen. *Teoria Pura do Direito.* 2.ed., Paris, Dalloz, 1962, p. 190, *apud* BANDEIRA DE MELLO, Celso Antônio. *Conteúdo jurídico do princípio da igualdade.* 3. ed., São Paulo, Malheiros Editores, 2001, p. 10.

[280] Igualdade na lei, segundo Kelsen, seria a igualdade como limite para a elaboração da lei; ibidem, p. 10.

tratamento conferido pela lei é ou não isonômico?), o que significa dizer que o principal destinatário do princípio sempre foi o *legislador*.

Contudo, percebemos ao longo deste trabalho que a observância do princípio da igualdade quando da elaboração de uma lei (ou de qualquer outra norma jurídica dotada de generalidade e abstração) não é suficiente para que o princípio em cotejo seja internamente observado. *Para que o princípio da igualdade seja plenamente respeitado é preciso, também, que a lei seja aplicada de maneira isonômica. Do contrário, de que valeria o princípio da igualdade se no momento de sua aplicação ele fosse amesquinhado?*[281]

Como se nota, o destinatário do princípio da igualdade é o legislador, que deve observá-la quando da elaboração de uma lei, mas também o aplicador do Direito, que não pode aplicar a mesma lei – ou qualquer outra norma jurídica dotada de generalidade e abstração – de modo diferente quando se depara com *situações substancialmente similares*.[282] Daí a importância e a obrigatoriedade dos precedentes administrativos.

Diez-Picazo, renomado autor espanhol e que também sustenta a força vinculante dos precedentes administrativos, grafou com pena de ouro a necessidade de observância do princípio da igualdade no momento em que se aplica a lei (ou qualquer outra norma jurídica):

---

[281] Anota Juan Carlos Cabanas Garcia: "Siendo ello así, parece evidente que el principio de igualdad que se conoce como *ante la ley* o *en la ley* (no cabe ocultar cierto debate terminológico tras estas expresiones) presenta una faceta de *aplicación judicial*, similar a como puede predicarse de la Administración; la exigência siempre también de un *tertium comparationis*, aunque divergen e los fines y el tipo de resolución"; GARCÍA, Juan Carlos Cabanas. *El Derecho a la Igualdad en la aplicación judicial de la ley*. Madrid, Editorial Aranzadi, 2010, p. 51-52.

[282] Anota Juan Carlos Cabanas Garcia: "[...] cabe distinguir [...] entre un derecho a la igualdad en la ley, como derecho frente al legislador, o más generalmente, frente al poder del que emana la norma, y un derecho a la igualdad ante la ley o en la aplicación (administrativa o judicial) de esta [...]"; ibidem, p. 52. Celso Antônio Bandeira de Mello é categórico ao afirmar que o "preceito magno da igualdade, como já tem sido assinalado, é norma voltada quer para o aplicador da lei quer para o próprio legislador"; BANDEIRA DE MELLO, Celso. *Conteúdo jurídico do princípio da igualdade;* op. cit., p. 9.

Agora bem, para que exista igualdade jurídica não basta que a lei seja igual para todos, é inescusável que ela seja a todos aplicada do mesmo modo. O princípio da igualdade ante a lei tem que operar quanto na fase de criação da norma como no momento de sua aplicação. Este princípio, que em virtude dos artigos 9º e 53 da Constituição Federal, vincula todos os poderes públicos na fase de aplicação do Direito, e vincula muito especialmente a Administração Pública.[283]

A partir do que foi dito até o momento, é-nos lícito afirmar que se o princípio da igualdade perante a lei é um direito fundamental (art. 5º, II, CF), também deve receber a mesma qualificação jurídica a vertente do princípio da igualdade destinada à aplicação isonômica da lei (ou de qualquer outra regra ou princípio jurídico). Trocando em miúdos: o que se convencionou chamar de *direito à igualdade na aplicação do Direito*, é também um *direito fundamental*.[284]

E se é um direito fundamental, dúvida não há acerca da eficácia vinculante dos precedentes, inclusive o administrativo.

4.4.1.2 *Princípio da Segurança Jurídica*

Outro princípio de suma importância para a eficácia vinculante dos precedentes administrativos, assim como para os judiciais, é o princípio da segurança jurídica, que nas precisas palavras de Celso Antônio Bandeira de Mello, se não é o princípio mais importante do ordenamento jurídico, certamente é um dos mais importantes.[285]

---

[283] "Ahora bien, para que exista la igualdad jurídica no basta con que la ley sea igual para todos, sindo que es inexcusable que a todos les sea aplicada del mismo modo. El princípio de igualdad ante la ley tiene que operar tanto en la fase de creación de la norma como en la de su aplicación. Este princípio, que en virtude de los artículos 9º y 53 de la Constitución, vincula a todos los poderes públicos, en la fase de aplicación del Derecho vincula muy especialmente a la Administración pública"; DIEZ-PICAZO, Luis; op. cit., p. 11.

[284] GARCIA, Juan Carlos Cabanas. *El derecho a la igualdad en la aplicación judicial de la ley*; op. cit., p. 17.

[285] BANDEIRA DE MELLO, Celso. *Curso de direito administrativo;* op. cit., p. 128.

A invulgar relevância do *princípio da segurança jurídica* é imanente ao Estado Democrático de Direito[286] – daí a desnecessidade de sua previsão expressa no texto constitucional[287-288] –, criação formidável do intelecto humano que tem por objetivo majorar a *estabilidade* e a *previsibilidade* das relações entre particulares e o Estado, por meio de um quadro normativo *prévio* e *estável*. Esta é a essência do Estado Democrático de Direito; esta é a função do princípio da segurança jurídica: propiciar previsibilidade e estabilidade às pessoas.[289]

É sabido por todos aqueles que se ocupam em buscar as razões maiores do Direito, que o homem, ao fugir de seu estado natural (onde preponderava a lei do mais forte), sempre teve em mira uma vida em que surpresas e instabilidades sociais fossem minoradas ao máximo. O homem busca estabilidade – o que inclui previsibilidade – e segurança.

Como bem acentua Rafael Valim,[290] o princípio da segurança jurídica pode ser analisado sob dupla perspectiva, mencionadas no parágrafo anterior, quais sejam: a *certeza* e a *estabilidade*. A certeza jurídica,

---

[286] Diz Celso Antônio Bandeira de Mello:"Este princípio não pode ser radicado em qualquer dispositivo constitucional específico. É, porém, da essência do próprio Direito, notadamente de um Estado Democrático de Direito, de tal sorte que faz parte do sistema constitucional como um todo"; ibidem, p. 127.

[287] Anote-se que a Constituição de alguns países faz expressa referência a este verdadeiro *sobreprincípio*, tal como a Espanhola, em seu art. 9.3: "La Constitución garantiza el principio de legalidad, la jerarquía normativa, la publicidad de las normas, la irretroactividad de las disposiciones sancionadoras no favorables o restrictivas de derechos individuales, la seguridad jurídica, la responsabilidad y la interdicción de la arbitrariedad de los poderes públicos."

[288] Apesar de se tratar de um princípio constitucional implícito, certo é que em nível infraconstitucional o princípio da segurança jurídica possui previsão expressa. Referimo-nos ao *caput* do art. 2º da Lei Federal n. 9.784/99: "Art. 2º A Administração Pública obedecerá, dentre outros, aos princípios da legalidade, finalidade, motivação, razoabilidade, proporcionalidade, moralidade, ampla defesa, contraditório, segurança jurídica, interesse público e eficiência."

[289] Anota Celso Antônio Bandeira de Mello: "O Direito propõe-se a ensejar uma certa estabilidade, um mínimo de certeza na regência da vida social"; BANDEIRA DE MELLO, Celso. *Curso de direito administrativo*; op. cit., p. 128.

[290] VALIM, Rafael. *O princípio da segurança jurídica no direito administrativo brasileiro*. São Paulo, Malheiros Editores, 2010, p. 46.

anota o preclaro autor, "significa o seguro conhecimento das normas jurídicas, condição indispensável para que o homem tenha previsibilidade, podendo projetar a sua vida e, assim, realizar plenamente seus desígnios pessoais".[291] Nesta perspectiva, são analisadas questões relativas à *vigência das normas jurídicas*, sua *projeção eficacial* e o seu *conteúdo*. A estabilidade jurídica, aglutina os institutos jurídicos dedicados à conservação dos "direitos subjetivos e as expectativas que os indivíduos de boa-fé depositam na ação do Estado".[292] Dentre estes institutos destacam-se o *direito adquirido*, o *ato jurídico* e a *coisa julgada*, assim como a prescrição e a decadência.[293]

Para o nosso estudo, interessa-nos especialmente a perspectiva da *certeza jurídica*, já que é dentro dela que se pode inserir os precedentes administrativos, assim como os judiciais.[294]

Como dito, o homem anseia por um mínimo de estabilidade e de previsibilidade. Sobre isto ninguém diverge. Ocorre, contudo, que tal como registramos ao longo deste trabalho, as modificações introduzidas pela mudança das técnicas legislativas e o crescimento da relevância dos princípios jurídicos,[295] e, ainda, o crescimento do número e

---

[291] VALIM, Rafael. *O princípio da segurança jurídica no direito administrativo brasileiro*. São Paulo, Malheiros Editores, 2010, p. 91.

[292] Ibidem, p. 47.

[293] Anota o Professor Celso Antônio Bandeira de Mello: "Os institutos da prescrição, da decadência, da preclusão (na esfera processual), do usucapião, da irretroatividade da lei, do direito adquirido, são expressões concretas que bem revelam esta profunda aspiração à estabilidade, à segurança, conatural ao Direito"; BANDEIRA DE MELLO, Celso. *Curso de Direito Administrativo;* op. cit., p. 128.

[294] MARTÍNEZ, Augusto Durán. *El Precedente Administrativo*. *In*: MUÑOZ, Jaime Rodríguez-Arana; GARCÍA, Miguel Ángel Sendín (coord.). *Fuentes del Derecho Administrativo*. Buenos Aires, Ediciones Rap, 2010, p. 693.

[295] Neste sentido, Paulo Otero: "A debilitação da densidade ordenadora e das vinculações positivas da lei para a Administração, ampliando a função constituinte desta na realização do Direito, coloca em causa os valores da segurança e da certeza jurídicas da legalidade administrativa: a segurança jurídica da previsibilidade aplicativa das normas, permitindo almejar como ideal de sistema administrativo uma postura decisória silogístico-subsuntiva das normas, encontra-se hoje completamente ultrapassada pela flexibilidade do conteúdo da legalidade"; OTERO, Paulo; op. cit., p. 162.

da complexidade das normas jurídicas, fez com que esta *previsibilidade* diminuísse. Deveras, é cada vez mais difícil saber-se de antemão como se decidirá determinado caso. Há, portanto, uma "insegurança decorrente da imprevisibilidade aplicativa do Direito".[296]

Reforcemos que o princípio da segurança jurídica não se destina apenas a proteger os cidadãos contra enunciados normativos abstratos, através da obrigação de serem claros e compreensíveis, mas esta proteção se dá também contra mudanças de interpretação sobre determinada norma jurídica, pois, como vimos, "lei que vige em determinado momento, *é a lei segundo uma de suas interpretações possíveis*".

É diante deste cenário, cada vez mais perceptível a todos nós, que os precedentes administrativos (e judiciais) ganham relevância jurídica. Ao se exigir que a Administração Pública dê a mesma solução jurídica para casos substancialmente similares, e que eventuais mudanças só passem a vigorar para casos futuros e após ampla publicidade – conforme veremos a seguir –, resgata-se a segurança jurídica perdida.

4.4.1.3 *Princípio da boa-fé*

É fora de dúvida que o princípio da boa-fé se insere nos quadrantes do Direito Administrativo[297] e que, por isso, deve permear as relações entre a Administração Pública e os administrados.

De princípio de natureza moral, que condiciona todas as relações pessoais, o princípio da boa-fé foi institucionalizado pelo Direito,[298] de modo que, tal como qualquer princípio jurídico, é de observância

---

[296] OTERO, Paulo., p. 163.

[297] *Vide* Sainz Moreno. *La buena fe en las relaciones de la administración con los administrados*. Revista de Derecho Administrativo, Madrid, n. 89, p. 293-314, 1979; PÉREZ, Jesús Gonzáles. *El principio general de la buena fe en el derecho administrativo*. 5. ed., Madrid, Thomson Reuters, 2009, p. 50.

[298] No Brasil, podemos citar o art. 2º, parágrafo único, IV, da Lei de Processo Administrativo Federal.

obrigatória[299] – tanto pela Administração Pública, quanto pelo administrado. Para fins deste trabalho, interessa-nos particularmente a boa-fé proveniente da Administração Pública.

O princípio da boa-fé valoriza o comportamento ético entre sujeitos, ou seja, na relação entre ambos deve reinar comportamentos marcados pela sinceridade, lealdade, coerência, respeito ao próximo e, especialmente, pela *confiança*.[300] Todos os atos eivados de malícia, surpresas, obscuridade, desonestidade, devem ser, à luz deste princípio, energicamente repudiados.[301]

Ora, se se deve esperar toda esta franqueza da Administração Pública em todos os seus atos, é inegável que tal exigência cria para o administrado um estado de *confiança legítima* com relação às decisões daquela, a significar que surge para a Administração Pública um *dever de observar no futuro a conduta que seus atos anteriores faziam prever.*[302] A Administração Pública, portanto, não deve frustrar a justa expectativa que tenha criado no administrado através de suas decisões anteriores.

Assim, se diante de determinada situação fática a Administração Pública portou-se de determinada maneira, decidiu de certo modo, deve ela, sob pena de romper a lealdade e a *confiança* que por seus atos gerou ao administrado, manter o mesmo comportamento, se entre os casos houver similitude *substancial* e incidirem as mesmas normas jurídicas.[303]

---

[299] CLEVES, Maria José Viana. *El principio de confianza legítima en el derecho administrativo colombiano.* Bogotá: Universidad Extrenado de Colombia, 2007, p. 39.

[300] Muitos autores inserem o princípio da confiança legítima como subprincípio do princípio da boa-fé.

[301] *Vide* BANDEIRA DE MELLO, Celso. *Curso de direito administrativo;* op. cit., p. 123-124.

[302] Assim anota Jesús Gonzáles Pérez:"La buena fe implica un deber de comportamiento, que consite en la necesidad de observar en el futuro la conducta que los actos anteriores hacían prever; PÉREZ, Jesús Gonzáles; op. cit., p. 238.

[303] Neste sentido, assim grafou Miriam M. Ivanega:"La buena fe significa que el hombre cree y confia en que una determinada declaración de voluntad surtirá, en un caso concreto, sus efectos usuales; los mismos efectos que ordinária y normalmente produjoen casos iguales"; *Los Precedentes administrativos en el derecho argentino. In Fuentes del Derecho Administrativo.* Buenos Aires, Ediciones RAP, 2010, p. 73. Trata-se de uma obra coletiva coordenado por Jaime Rodríguez-Arana Muños e Miguel Ángel Sendín García.

Em suma, quando a Administração Pública não observa seus precedentes, viola, também, o princípio da boa-fé.

O princípio da boa-fé, como se nota, robustece a necessidade de a Administração Pública manter a *coerência* entre as suas próprias decisões, de não decidir de maneira diferente casos substancialmente semelhantes, haja vista a legítima expectativa dos administrados.[304] Daí por que o princípio da boa-fé também respalda a eficácia vinculante dos precedentes administrativos.

Além de corroborar com a eficácia vinculante dos precedentes administrativos, o princípio da boa-fé também contribui para a determinação da *eficácia da superação de precedentes* (= projeção eficacial).

Conforme reforçaremos mais à frente, os precedentes administrativos também podem ser superados, ou seja, sucedidos por outro precedente. Todavia, dúvidas poderão existir quanto ao aspecto temporal dos efeitos do novo precedente (serão retroativos ou prospectivos?). A nosso ver, o princípio da boa-fé exige que os efeitos da superação de um precedente sejam prospectivos, ou seja, valem apenas para casos futuros e desde que tenha sido dada ampla publicidade. Apenas quando o novo precedente for benéfico aos administrados é que se poderia admitir a retroação de seus efeitos.[305]

4.4.1.4 *Princípio da eficiência*

Introduzido no *caput* do art. 37 da Constituição Federal de 1988 pela Emenda Constitucional n. 19/98 e também expressamente previsto no art. 2º da Lei n.9.784/1999,[306] o *princípio da eficiência*, conhecido

---

[304] Anota Diez-Picazo: "En definitiva, el principio de buena fe se basa en la legitima expectativa de que deben producirse en cada caso las consecuencias usuales, las que se han producido en casos similares. Esta legítima expectativa es defraudada cuando la Administración, sin motivo, se aparta de sus precedentes"; DIEZ-PICAZO, Luis; op. cit., p. 14.

[305] CASSAGNE, Juan Carlos. *Curso de Derecho Administrativo*. 10. ed., Buenos Aires, La Ley, 2011, t. I, p. 171.

[306] "Art. 2º A Administração Pública obedecerá, dentre outros, aos princípios da legalidade, finalidade, motivação, razoabilidade, proporcionalidade, moralidade, ampla defesa, contraditório,

na doutrina italiana como princípio da boa administração,[307] é o outro princípio que pode ser invocado para sustentar a foça vinculante dos precedentes administrativos.

Como bem salienta Diogenes Gasparini,[308] o princípio da eficiência impõe a toda a Administração Pública o dever de realizar todas as suas atribuições com *rapidez, perfeição* e *rendimento*. Ou seja, ser *eficiente* para o Direito Administrativo significa que o administrador público deve alcançar o melhor rendimento possível, com os menores índices de erros e dispêndio de recursos, no menor tempo possível, e sem transbordar os limites da legalidade.[309]

A rapidez está intimamente relacionada com o dever de se dar respostas às demandas que se apresentam no menor espaço de tempo possível, pois tão perversa quanto o erro ou a injustiça de uma decisão é a morosidade em sua prolação.

Não é demais lembrarmos, que foi desta necessidade ululante de que as decisões estatais se deem de maneira célere, típica do mundo em que vivemos, que se inseriu no art. 5º da Constituição Federal (Emenda Constitucional n. 45/2004), o inciso LXXVIII.[310] que alçou

---

segurança jurídica, interesse público e eficiência", BRASIL, Lei n. 9.784, de 29 de janeiro de 1999. Regula o processo administrativo no âmbito da Administração Pública Federal. Brasília, *Diário Oficial da União*, 1º fev. 1999.

[307] GASPARINI, Diógenes. *Direito Administrativo*. 14. ed., São Paulo, Saraiva, 2009, p. 22; BANDEIRA DE MELLO, Celso Antônio. *Curso de Direito Administrativo*; op. cit., p. 126; FERREIRA DA ROCHA, Sílvio Luís. *Manual de Direito Administrativo*. São Paulo, Malheiros Editores, 2013, p. 81.

[308] GASPARINI, Diógenes. *Direito Administrativo;* op. cit., p. 22.

[309] Sobre a relação de subserviência do princípio da eficiência em relação ao princípio da legalidade, assim anota Celso Antônio Bandeira de Mello: "A Constituição se refere, no art. 37, ao princípio da eficiência. Advirta-se que tal princípio não pode ser concebido (entre nós nunca é demais fazer ressalvas óbvias) senão na intimidade do princípio da legalidade, pois jamais uma suposta busca de eficiência justificaria postergação daquele que é o dever administrativo por excelência"; BANDEIRA DE MELLO, Celso Antônio. *Curso de Direito Administrativo;* op. cit., p. 125.

[310] "Art. 5º [...] LXXVIII – a todos, no âmbito judicial e administrativo, são assegurados a razoável duração do processo e os meios que garantam a celeridade de sua tramitação". (BRASIL. *Constituição Federal*. Brasília, Senado Federal, 1988).

ao *status* de direito fundamental, a *duração razoável do processo*, seja ele judicial ou administrativo.

Mas não basta ser rápido para ser eficiente. É preciso que ao lado da agilidade, as ações da Administração atinjam um patamar significativo de qualidade. Isto porque, de nada vale ter-se respostas estatais rápidas, mas de baixa qualidade, na medida em que a insatisfação quanto ao conteúdo das decisões terá como consequência a busca por socorro no Poder Judiciário. Em verdade, *a qualidade insatisfatória das decisões transfere ao Poder Judiciário a ineficiência da Administração Pública*. E isto não é uma situação desejada, pois o Judiciário abarrotado é um Judiciário menos eficiente.

Uma das maneiras de a Administração Pública tornar-se mais eficiente na realização de suas atribuições, dá-se também pela adoção dos precedentes administrativos. Ao se estabelecer que diante de situações similares deve-se adotar a mesma decisão, é inegável que a Administração se torna mais eficiente, pois minimizam-se as oscilações e contradições no momento de aplicar determinada norma jurídica, sem contar que o tempo despendido diminui consideravelmente.

4.4.2 As regras que servem de fundamento aos precedentes administrativos

4.4.2.1 O artigo 2º, parágrafo único, inciso XIII, da Lei de Processo Administrativo Federal

Como dissemos anteriormente, a juridicidade dos precedentes administrativos também pode ser extraída a partir de dois dispositivos legais que versam justamente sobre a sua *superação*.[311] O primeiro deles é o art. 2º, parágrafo único, XIII, da Lei de Processo Administrativo Federal, que estabelece o seguinte:

> Art. 2º [...]
> Parágrafo único. Nos processos administrativos serão observados, entre outros, os critérios de:

---

[311] *Vide* item 5.2.

[...]

XIII – interpretação da norma administrativa da forma que melhor garanta o atendimento do fim público a que se dirige, vedada aplicação retroativa de nova interpretação.

Como se pode perceber, o art. 2º, *parágrafo único*, XIII, da Lei de Processo Administrativo Federal possui em seu texto duas regras jurídicas. A primeira estabelece que a interpretação de uma "norma administrativa" (= norma jurídica que versa sobre a atuação da Administração Pública), deve ser a mais favorável ao interesse público, ou seja, dentre as interpretações possíveis de uma norma, deve o administrador utilizar a que estiver maior sintonizada com o interesse público.

A obviedade desta determinação legal dispensa-nos de maiores considerações, já que é induvidoso que a Administração Pública deve sempre escolher a melhor interpretação de uma norma jurídica – *a mais afeta ao interesse público primário*.

O que mais nos interessa no dispositivo em comento é a sua última parte. Ela estabelece que fixada a interpretação de determinada norma jurídica, o que se dá, também,[312] através de sua aplicação em um caso concreto, eventual mudança de entendimento não poderá produzir efeitos retroativos, ou seja, vale apenas para as situações jurídicas formadas após a mudança de interpretação. Isto porque, reforce-se, *a nova interpretação equivale à edição de uma nova norma jurídica*.

A nosso ver, quando o inciso XIII veda a possibilidade da eficácia retroativa da mudança de interpretação, está ele a estabelecer que a superação de um determinado precedente terá *eficácia prospectiva pura*, à qual nos referimos ao tratarmos dos precedentes judiciais na *common law*.[313] A *eficácia prospectiva pura*, recordemos, é extremamente protetiva ao administrado e estabelece que os efeitos da nova decisão (= nova interpretação de uma mesma norma jurídica) valem apenas para casos futuros, ou

---

[312] É possível fixar-se a interpretação de determinada norma jurídica através de normas infralegais. Os regulamentos, como se sabe, podem possuir esta função de fixar a interpretação.
[313] *Vide* item 1.3.2.

seja, não atinge a parte envolvida, tampouco os fatos ocorridos antes da decisão e que ainda serão regidos pela interpretação anterior.

A mudança de interpretação, portanto, valerá apenas para os casos futuros (= efeitos prospetivos) e desde que se dê ampla publicidade a esta mudança.

Assim, caso a Administração Pública possua o entendimento de que determinada situação não seja passível de sanção administrativa, caso ela reveja a interpretação da hipótese de incidência da norma jurídica, de modo a compreender que a situação que julgava infensa à sanção administrativa passe a ser ilícita e, portanto, passível de penalidade, esta nova interpretação somente poderá incidir sobre casos novos (*nula poena sine lege*) e não atingem, como dito, as partes envolvidas.

Ora, se as mudanças interpretativas produzem efeitos jurídicos apenas para as situações posteriores a elas, por conta da vedação da retroatividade, é possível afirmarmos que *enquanto vigorar determinada interpretação, deve ser ela obrigatoriamente observada pela Administração Pública*. Em outras palavras: até que haja a mudança de uma interpretação – que nada mais seria do que a superação de um precedente –, o precedente administrativo deve ser observado pela Administração, visto que está a ele vinculada.

Caso a Administração Pública não estivesse vinculada aos seus precedentes, poderia alterá-los sem qualquer obstáculo, porquanto inexistiria consequência jurídica, salvo o direito adquirido, o ato jurídico perfeito e a coisa julgada (art. 5º, XXXVI, CF).[314]

Karl Larenz, ao se dedicar à análise dos precedentes judiciais, registrou que o Supremo e o Tribunal Constitucional alemães consideram que a vedação da retroatividade das leis não poderia ser extensivamente aplicada

---

[314] É esta a interpretação corrente que se faz sobre este dispositivo legal; FERRAZ, Luciano. *Segurança jurídica positivada na Lei Federal n. 9.784/99*. In: NOHARA, Irene Patrícia; MORAES FILHO, Marco Antonio Praxedes de (orgs). *Processo administrativo:* temas polêmicos da Lei n. 9.784/99. São Paulo, Atlas, p. 123 e s., e DI PIETRO, Maria Sylvia. *Os princípios da proteção à confiança, da segurança jurídica e da boa-fé na anulação do ato administrativo*. Fórum Administrativo. Belo Horizonte, n. 100, v. 9, jun. 2009.

às resoluções dos Tribunais, ou seja, aos seus *precedentes*. *O argumento utilizado por estes dois Tribunais e subscrito pelo autor foi, justamente, o de que a irretroatividade dos precedentes culminaria na vinculação aos precedentes.*[315]

Como se pode perceber, o fato de uma interpretação não poder retroagir, significa que o precedente então vigorante vinculava os comportamentos da Administração Pública. A vedação da retroatividade de uma nova interpretação, que pode iniciar-se a partir da solução de um caso concreto, tem a consequência jurídica de atribuir efeito vinculante aos precedentes administrativos.

Sem prejuízo da análise da conclusão apresentada, devemos reforçar que caso a mudança interpretativa seja favorável ao administrado, o efeito desta mudança deverá ser retroativa. Ou seja, os efeitos benéficos decorrentes da mudança de precedente não atingem apenas os casos futuros (= efeitos prospectivos), mas também aqueles casos formados anteriormente ao novo precedente.[316]

4.4.2.2 O artigo 50, inciso VII, da Lei de Processo Administrativo Federal

Outro dispositivo da Lei de Processo Administrativo Federal que pode ser invocado para fundamentar juridicamente o efeito vinculante dos precedentes administrativos no Direito Administrativo brasileiro é o art. 50, inciso VII. Dispõe o referido dispositivo legal:

> Art. 50. Os atos administrativos deverão ser motivados, com indicação dos fatos e dos fundamentos jurídicos, quando:

---

[315] "Também o Tribunal Constitucional Federal considera que os princípios da proibição da retroatividade das leis não poderiam estender-se, sem mais, às resoluções dos tribunais. 'Isto conduziria a que os tribunais houvessem de estar vinculados a uma jurisprudência outrora consolidada, mesmo quando esta se revela insustentável à luz do conhecimento apurado ou em vista da mudança das relações sociais, políticas ou econômicas'"; LARENZ, Karl. Metodologia da ciência do direito. 6. ed., Lisboa, Fundação Calouste Gulbenkian, 2012, p. 617-618.

[316] Sobre este ponto, ver as considerações de VALIM, Rafael; op. cit., p. 97.

[...]

VII – deixem de aplicar jurisprudência firmada sobre a questão ou discrepem de pareceres, laudos, propostas e relatórios oficiais;

[...]

Como se pode perceber, o dispositivo legal transcrito versa sobre o dever do administrador público de motivar (justificar) os atos administrativos cujo *conteúdo* discrepe de jurisprudência sobre determinado assunto e de pareceres, laudos, propostas e relatórios oficiais. Evidentemente que este *rol* é meramente exemplificativo, podendo abarcar os precedentes administrativos. Neste caso a inobservância de um precedente administrativo, por conta do uso da técnica da *superação* ou das *distinções*, também precisa ser amplamente motivada.

Ora, se é possível concluir que a Lei de Processo Administrativo *exige* a motivação de atos administrativos que também divirjam de precedentes administrativos, tal como ocorre nos precedentes judiciais, pode-se concluir que eles possuem efeito vinculante até o momento em que são superados. *É dizer: a específica exigência de motivação de atos que destoem dos precedentes administrativos significa que estes possuem relevância jurídica e que a falta de motivação, ou a motivação insuficiente, do ato que inobserva o precedente administrativo, acarreta uma consequência jurídica, qual seja, a invalidade do ato administrativo.*[317]

No Direito espanhol, os defensores dos precedentes administrativos, extraem do art. 54.1, "c", da Lei de Regime Jurídico das Administrações Públicas e de Processo Administrativo Comum (n. 30/1992), parcela da fundamentação do instituto (a outra parte estriba-se em princípios jurídicos). Este dispositivo legal, anotemos, possui conteúdo é similar ao art. 50, VII, da Lei de Processo Administrativo Federal.[318]

---

[317] Trataremos melhor este assunto quando discorremos sobre consequências da inobservância dos precedentes administrativos.

[318] "Artículo 54. Motivación. 1. Serán motivados, con sucinta referencia de hechos y fundamentos de derecho: [...] c) Los que se separen del criterio seguido en actuaciones precedentes o del dictamen de órganos consultivos".

Desta forma, é válido o registro do entendimento de Ramón Parada para fundamentar os precedentes administrativos:

> Estas notas diferenciadoras são as que justificam as duvidas sobre a semelhança das práticas e precedentes com o costume, problema nada trivial, porquanto as práticas e precedentes tem uma importância real na vida administrativa e ao precedente se reconhece um certo grau de obrigatoriedade no art. 54.1.c) da Lei de Regime Jurídico das Administrações Públicas e de Procedimento Administrativo Comum, ao obrigar a Administração a motivar aquelas resoluções 'que se separe do critério seguido em atuações precedentes'.
>
> Deste preceito se deduz que a Administração pode desvincular-se de sua prática anterior ou precedente ao resolver um novo e análogo caso desde que cumpra a carga de motivação, carga que não simplesmente formal, se não que implica a exposição de razões objetivas que expliquem e justifiquem a mudança de conduta; do contrário, a Administração estará vinculada por seu comportamento anterior, sob pena de incorrer em discriminação atentatória da segurança jurídica e ao princípio da igualdade dos administrados, fundamento último do que de obrigatório e vinculante pode haver nos precedentes e nas práticas administrativas.[319]

Assim, até que se supere um determinado precedente administrativo, que requererá por parte da Administração Pública uma alta carga

---

[319] "Estas notas diferenciales son las que justifican las dudas sobre la asimilación de las prácticas y precedentes con la costumbre, problema nada baladí, por cuanto las prácticas y precedentes tienen una importancia real en la vida administrativa y al precedente se le reconoce un cierto grado de obligatoriedad en el artículo 54.1.c) de la Ley de Régimen Jurídico de las Administraciones Públicas y del Procedimiento Administrativo Común, al obligar a la Administración a motivar aquellas resoluciones *"que se separe del criterio seguido en actuaciones precedentes"*. De dicho precepto se deduce que la Administración puede desvincularse de su práctica anterior o precedente a resolver un nuevo y análogo asunto con sólo cumplir la carga de motivación, carga que no es simplemente formal, sino que implica la exposición de razones objetivas que expliquen y justifiquen el cambio de conducta; de lo contrario, la Administración estará vinculada por su anterior comportamiento so pena de incurrir en una discriminación atentatoria a la seguridad jurídica y al principio de igualdad de los administrados, fundamento último de lo que obligatorio y vinculante puede haber en los precedentes y prácticas administrativas"; *Derecho Administrativo I*, Parte General. Madrid, Marcial Pons, 15. ed., 2004, p. 74.

de motivação (art. 50,VII) e cujos efeitos, via de regra, operar-se-ão apenas para o futuro (art. 2º, *parágrafo único*, XIII), os precedentes até então vigentes deverão ser observados obrigatoriamente, sob pena de invalidade do ato administrativo.

Como se vê, pelo fato de a Lei de Processo Administrativo Federal regular os dois pontos cardeais da superação de precedentes, quais sejam, a motivação e os efeitos da nova solução jurídica, pode-se concluir que os precedentes administrativos encontram guarida em nossa legislação.

4.4.3 O aparente embate entre o princípio da legalidade e os precedentes administrativos

Em nosso juízo, o maior temor que se poderia ter acerca da ideia de que os precedentes administrativos possuem efeito vinculante, refere-se à possibilidade deste instituto amesquinhar a importância do princípio da legalidade no Direito Administrativo, o que o tornaria, inclusive, inconstitucional.

Sucede, porém, que os precedentes administrativos não diminuem a relevância jurídica do princípio da legalidade. Pelo contrário. Os precedentes administrativos, na medida em que *não têm o condão de inovar originariamente o ordenamento jurídico*, prestigiam o princípio da legalidade. Isto porque os precedentes administrativos somente podem ser utilizados se estiverem em consonância com a Lei. *Não pode haver precedente fora da legalidade.*

Jaime Orlando Santofimio Gamboa, eminente administrativista colombiano que se detém sobre o assunto, assinala o seguinte:

> Consequentemente, a invocação do precedente administrativo só é legítima dentro da legalidade ou, dito de outro modo, sua invocação só é possível se o mesmo está conforme o Direito. Sua força vinculante está sujeita e condicionada à sua adequação à legalidade.[320]

---

[320] "En consecuencia, la invocación del precedente administrativo solo es legítima dentro de la legalidad o, dicho de otro modo, su invocación tan solo es posible si el mismo está conforme

Como se nota, o princípio da legalidade, mesmo quando se está a falar de precedentes administrativos, continua a ser a *estrela guia*[321] do Direito Administrativo.

Além disso, registre-se que, tal como veremos a seguir, um dos pressupostos para a aplicação dos precedentes administrativos é justamente a sua não-contrariedade com a Lei. Não há, portanto, qualquer embate entre os precedentes administrativos e o princípio da legalidade.

4.5 PRESSUPOSTOS PARA A APLICAÇÃO DOS PRECEDENTES ADMINISTRATIVOS

Para que um precedente administrativo possa ser aplicado, alguns pressupostos devem ser obrigatoriamente preenchidos.

Ao analisarmos a doutrina nacional e estrangeira acerca dos precedentes administrativos, extraímos a existência de cinco pressupostos para a aplicação dos precedentes administrativos, quais sejam: *(i)* identidade subjetiva da Administração Pública, *(ii)* identidade objetiva fundamental entre as situações fáticas de cada caso, *(iii)* identidade das normas jurídicas superiores incidentes, *(iv)* legalidade do ato administrativo do qual se extraiu o precedente.

Vejamos cada um deles.

4.5.1 Identidade subjetiva da Administração Pública

O primeiro pressuposto para a configuração de um precedente administrativo está ligado à Administração Pública que o exarou, ou seja,

---

a Derecho. Sufuerza vinculante está sujeta y condicionada por su adecuación a la legalidad"; GAMBOA, Jaime Orlando Santofimio Gamboa; op. cit., p. 29.

[321] A expressão é de COVIELLO, Pedro José Jorge. *El Acto Administrativo a la luz de las Fuentes de Derecho y como sustento fundamental de la legalid administrativa*. In: MUÑOZ, Jaime Rodríguez-Arana; PINILLA, Victor Leonel Benavides (coord.). *El Acto Administrativo Como Fuente del Derecho Administrativo en Ibero América*. Panamá. 2009, p. 25. Disponível em: <http://www.organojudicial.gob.pa>

o precedente a ser invocado pelo administrado deve provir da mesma Administração Pública, seja ela direta ou indireta.[322] Em outras palavras: *deve haver correspondência entre o emissor do ato administrativo do qual se extraiu um precedente administrativo e aquele que emitirá a nova decisão à pretensão do administrado*.[323] A mesma exigência, como se nota, não é feita quanto ao administrado.

Assim, por exemplo, não produz qualquer efeito jurídico vinculante a invocação de um precedente administrativo oriundo do Estado de São Paulo em pretensão administrativa formulada perante o Estado de Minas Gerais, haja vista que não se trata da mesma Administração Pública direta. Em função da autonomia administrativa de cada ente federativo (art. 18, *caput*, CF), é possível que sobre um mesmo assunto existam precedentes administrativos com conteúdos distintos.

Mas se por um lado a *autonomia administrativa* deva ser respeitada e, portanto, precedentes administrativos antagônicos possam existir entre entes federativos distintos (= inexistência de identidade subjetiva), certo é que no âmbito de atuação de um mesmo ente federativo (Administração Pública direta) isto não pode ocorrer, pois a identidade subjetiva está ligada ao ente federativo e não a um órgão específico de seu organograma administrativo. Isso significa dizer que *deve haver* entre os diversos órgãos da Administração Pública direta, *coerência na aplicação do Direito*.

Não é raro encontrarmos situações em que órgãos de uma mesma Administração Pública possuam entendimentos antagônicos sobre os mesmos temas de Direito. Nestes casos, jamais se poderá aceitar o argumento de que o precedente administrativo invocado não possa ser utilizado por não preencher o requisito da *identidade subjetiva*, na medida em que provém de órgão diverso daquele para o qual se dirigiu a pretensão do administrado. *Como se afirmou nos parágrafos anteriores, para a identidade subjetiva o importante é que o precedente administrativo provenha da mesma Administração Pública e não do mesmo órgão, sob pena de se reduzir*

---

[322] Artigo 37, inciso XIX, da Constituição Federal e artigo 4º do Decreto-Lei n. 200/1967.

[323] DÍEZ-PICAZO, Luiz Maria. *La doctrina del precedente administrativo*. Revista de Administración Pública, Madrid, v. 98, 1982, p. 7-46.

significativamente a eficácia jurídica dos precedentes administrativos, que estaria pulverizada por todos os órgãos da Administração Pública direta.[324]

Díez-Picazo, ao versar sobre o pressuposto da identidade subjetiva do precedente administrativo, registrou que os órgãos da Administração Pública devem atuar de maneira coordenada, de modo que os precedentes administrativos de um órgão vinculam outro órgão da mesma Administração. Eis as palavras do autor:

> Convém recordar neste ponto que a Administração do Estado tem personalidade jurídica única. Por isso, todos os seus órgãos devem atuar coordenadamente e não poderá se invocar a falta de identidade subjetiva, quando um órgão alega que o precedente provém de outro órgão, que também pertence à Administração do Estado.[325]

No mesmo sentido, assim anotou Heleno Taveira Torres.[326]

> Para a aplicação da autovinculação, basta que os emissores dos atos sejam órgãos da mesma Administração Pública para que impliquem o dever de afastamento da contrariedade decisória entre eles sobre uma mesma ou semelhante situação fática. Portanto, o dever de coerência impõe-se à pessoa de direito público interno, não ao órgão. Ainda que órgãos dotados de competências distintas a integrem, a Administração Pública é sempre una e indivisível quanto aos atos que emite, o que vale igualmente para afastar contradições entre atos de órgãos administrativos, em cumprimento às autolimitações administrativas.

---

[324] Esta situação é muito comum, por exemplo, no Município de São Paulo, que é dividido em subprefeituras, sendo certo que determinado administrado pode encontrar soluções diversas para a mesma situação fática.

[325] "Conviene recordar en este punto que la Administración del Estado tiene personalidad jurídica única. Por ello, todos sus órganos deben actuar coordinadamente y no podrá aducirse que falta identidad subjetiva, cuando a un órgano se le alega como precedente una actuación de otro órgano que también pertenece a la Administración del Estado"; DÍEZ-PICAZO, Luiz Maria. *La doctrina del precedente administrativo*; op.cit., p. 19.

[326] TORRES, Heleno Taveira. *Direito Constitucional Tributário e Segurança Jurídica*. 2.ed., São Paulo, Revista dos Tribunais, 2011, p. 239.

Outro ponto que merece ser tratado na análise deste pressuposto, refere-se à extensão dos efeitos vinculantes dos precedentes administrativos. A extensão dos efeitos, tal como ocorre com os precedentes judiciais, é *horizontal* e *vertical*.

A *eficácia vinculante horizontal* significa que o precedente administrativo deve ser observado pelo órgão cuja decisão desencadeou o precedente. É o mesmo que ocorre com os precedentes judiciais, quando, por exemplo, o Supremo Tribunal Federal declara a inconstitucionalidade de uma lei ou de ato normativo. Neste caso, o próprio Supremo Tribunal Federal está vinculado à sua decisão.

A *eficácia vinculante vertical* está relacionada com a estrutura hierárquica da Administração Pública e opera-se da mesma maneira do que ocorre com os precedentes judiciais (art. 927, inciso I a V, Código de Processo Civil de 2015). Os precedentes administrativos originários de órgãos superiores vinculam os órgãos hierarquicamente inferiores, de modo que estes últimos deverão deixar de aplicar os precedentes até então incidentes no caso concreto (proferidos por eles ou pelo órgão hierarquicamente superior), sob pena de nulidade.

4.5.2 Identidade objetiva essencial

O segundo pressuposto dos precedentes administrativos refere-se à sua *identidade objetiva essencial*, que nada mais é do que a análise da similitude substancial entre o suporte fático do precedente e o suporte fático do caso em análise.

Como vimos até o momento, a teoria dos precedentes (administrativos ou judiciais) prega que casos similares devem ser solucionados da mesma maneira. Isto significa dizer que havendo identidade entre o caso que deu origem ao precedente e o caso presente, deve-se aplicar a este último a mesma *ratio decidendi*, sob pena de nulidade.

Naturalmente que as semelhanças a que nos referimos não podem ser consideradas de maneira absoluta, pois sabemos que não existem no mundo fenomênico dois eventos rigorosamente idênticos. É por isso, portanto, que não se exige a identidade absoluta entre os casos, mas apenas o que denominamos de *similitude substancial do suporte fático*, ou seja, o caso presente precisa ser semelhante àquele que deu origem ao precedente apenas em seus aspectos mais relevantes (substanciais).

Díez-Picazo, ao versar sobre o requisito da identidade objetiva, assinalou o seguinte:

> O que me parece que realmente é estritamente exigível é que exista similitude entre as circunstâncias que deram lugar a ambas situações. Se as circunstâncias ou pressupostos de fato são similares, e no segundo caso a Administração atua de modo diferente, é que não está cumprindo os fins que o ordenamento objetiva alcançar com os poderes utilizados.[327]

Conclui-se, desta forma, que havendo similitude substancial do suporte fático entre o caso em análise e o caso que deu origem ao precedente, deve-se aplicar a mesma *ratio decidendi*. Ao revés, quando não houver congruência entre o caso em análise e o caso que deu origem ao precedente, não se deve aplicar o precedente, mas sim outro precedente eventualmente existente ou na hipótese de inexistir precedente sobre o tema, criar-se-á um novo precedente administrativo.

Esta última afirmação remete-nos à técnica das *distinções*, sobre o qual discorremos ao tratarmos da *common law* e que também é plenamente aplicável aos precedentes administrativos.

Como vimos, aplica-se a técnica das distinções, justamente quando o suporte fático do precedente invocado não possui *similitude substancial* com o caso em análise, mas sim uma *diferença substancial*, importante, a exigir, como dissemos, a aplicação de um outro precedente (caso exista e se adeque ao caso concreto) ou na elaboração de um novo precedente.

Obviamente que a possibilidade de se utilizar a técnica das distinções não significa que o administrador possua um cheque em branco

---

[327] "Lo que me parece que sí es estrictamente exigible es que exista similitudes entre las circunstancias que dieron lugar a ambas actuaciones. Si las circunstancias o presupuestos de hecho son similares, y en el segundo caso la Administración actúa de un modo diferente, es que no está cumpliendo los fines que el ordenamiento señala a la potestad utilizada"; DÍEZ-PICAZO, Luiz Maria; op. cit., p. 21.

para se afastar dos precedentes. Deveras, da mesma forma que ocorre com a superação de um precedente administrativo, conforme veremos mais à frente, o emprego da técnica das distinções exige do aplicador uma alta carga argumentativa (motivação).[328] Isto porque deve o administrador demonstrar que as peculiaridades do caso em exame são relevantes, a ponto de justificar a não aplicação de determinado precedente administrativo.

4.5.3. Identidade das normas jurídicas superiores incidentes

Assim como registramos ao tratarmos da superação de precedentes judiciais na *common law*, o Poder Legislativo pode sim extirpar do mundo jurídico precedentes administrativos (e judiciais também). Basta apenas que o(s) dispositivo(s) legais ou constitucionais que serviram de supedâneo para a formação de determinado precedente, sejam modificados ou revogados.

Isto significa dizer que na hipótese do legislador infraconstitucional ou o legislador constituinte derivado alterar o estabelecido em determinada lei ou na Constituição Federal, os precedentes fundados no texto anterior, não poderão mais ser invocados, na medida em que se tornarão incompatíveis com as novas normas jurídicas superiores que lhe conferem validade.

Desta forma, para que um precedente administrativo possa ser aplicado, é *fundamental* que as normas jurídicas superiores a ele continuem sendo as mesmas.[329] Não pode ter ocorrido qualquer mudança significativa no sistema normativo aplicável à hipótese.

4.5.4 Legalidade do ato administrativo originário

Ao tratarmos dos princípios que fundamentam os precedentes administrativos, vimos que não há colisão entre estes e o princípio da

---

[328] O art. 489, § 1º, VI, do Código de Processo Civil de 2015 é peremptório ao estabelecer que o emprego da técnica das distinções exige de ampla fundamentação, tal como ocorre com a superação de um precedente, sob pena de nulidade da decisão judicial.

[329] SASTRE, Silvia Díez. *El precedente administrativo*. Madrid, Marcial Pons, 2008, p. 248.

legalidade. Desta conclusão extrai-se que no Direito brasileiro os precedentes administrativos, cuja função principal é uniformizar a aplicação do Direito (=aplicação isonômica das normas jurídicas), não são fonte originária de direitos, tal como ocorre nos países do sistema da *common law*.

Não obstante a convivência harmônica entre os precedentes administrativos e o princípio da legalidade, *certo é que não se pode invocar um precedente administrativo construído a margem das normas jurídicas vigentes*. A razão para esta vedação ao uso dos precedentes administrativos estriba-se no fato de que não se deve tolerar a aplicação isonômica de uma ilegalidade ou inconstitucionalidade.

Acerca deste ponto, assim grafou Díez-Picazo:

> Uma ilegalidade não justifica uma cadeia de ilegalidades, nem o ordenamento pode amparar que se perpetuem situações antijurídicas. O fundamento do caráter vinculante dos precedentes é a igualdade ante a lei e a segurança jurídica, em nenhum caso, a igualdade e a segurança antijurídicas.[330]

Paulo Modesto,[331] em seu artigo dedicado à autovinculação da Administração Pública, menciona um interessante julgado em que se firma o entendimento de que os precedentes administrativos não podem ser proliferadores de ilegalidades:

> Administrativo – Constitucional – Ação Civil Pública – Interrupção de Construção – Área de Preservação Ambiental – Existência

---

[330] "Una ilegalidad no justifica una cadena de ilegalidades, niel ordenamento puede amparar que se perpetúen situaciones antijurídicas. El fundamento del carácter vinculante del precedente es la igualdad ante la ley y la seguridad jurídica; en ningún caso, la igualdad y la seguridad antijurídicas"; DIEZ-PICAZO, Luís; op. cit., p. 25.

[331] MODESTO, Paulo. Autovinculação da Administração Pública. *Revista Eletrônica de Direito do Estado – REDE –*, Salvador, Instituto Brasileiro de Direito Público, n. 24, p. 4, out./nov. 2010. Disponível em: <http://www.direitodoestado.com/revista/REDE-24-OUTUBRO-2010-PAULO-MODESTO.pdf>. Acesso em: 12 de abril de 2013.

de Termo de Compromisso com o Ibama – Questionamento da Atuação Administrativa da Autarquia – Potencial de Degradação Ambiental – Dilação Probatória Incompatível com o Recurso de Agravo de Instrumento (...). O simples fato de próximo ao local da construção já existirem empreendimentos potencialmente poluidores, que eventualmente tenham deixado de observar a legislação ambiental, não exime outros interessados de se submeterem ao procedimento adequado, vez que, por óbvio, não se admitem precedentes administrativos legitimadores da extensão de ilegalidades. (TRF da 2ª Região | AGV 200402010126870 | Desembargador Federal Sergio Schwaitzer | Julgado em 30-5-2007).

Podemos perceber, portanto, que por maior relevância jurídica que a teoria do precedente administrativo possa ter, esta nunca poderá ultrapassar os limites da legalidade. Assim, para que se forme um precedente administrativo, é preciso que o ato administrativo originário, aquele do qual se extraiu por indução o precedente, seja *válido*.[332]

Uma vez que a Administração Pública ou até mesmo o Poder Judiciário constate a ilegalidade ou a inconstitucionalidade de um precedente administrativo, este deverá ser *retirado* do mundo jurídico. Os efeitos desta invalidação deverão ser retroativos, mas é plenamente possível a utilização da técnica da modulação dos efeitos.

Advirta-se, todavia, que poderão existir casos em que mesmo situações ilegais ou inconstitucionais podem, excepcionalmente, ser protegidas, conquanto favoráveis ao administrado. É o que a doutrina denomina de *estabilização de atos ampliativos inválidos*.[333]

---

[332] "Desde otra perpectiva, cesa la obligación de la Administración de respectar el precedente que alega el administrado cuando se advierte su antijuridicidad. Una atuación irregular jamás puede convertise em la fuente autoritativa de um acto posterior porque ambos contrarían el ordenamento"; SESIN, Domingo Juan. *Administración Pública. Actividad Reglada, Discrecional y Técnica*. Buenos Aires, Lexis Nexis, 2004, p. 360.

[333] VALIM, Rafael. *O princípio da segurança jurídica no Direito Administrativo Brasileiro*. São Paulo, Malheiros Editores, 2010, p. 121 e s. Neste mesmo sentido; MARTÍNEZ, Augusto Durán. *El Precedente Administrativo*. In: MUÑOZ, Jaime Rodríguez-Arana; GARCÍA, Miguel Ángel Sendín (coord.), *Fuentes del Derecho Administrativo*. Buenos Aires, Ediciones Rap, 2010, p. 698.

4.5.5 A reiteração como pressuposto para a aplicação precedente administrativo

Alguns estudiosos[334] do tema e alguns julgados de países que reconhecem a importância da teoria dos precedentes administrativo[335] afirmam que os precedentes administrativos para serem válidos e terem força vinculante, precisam ter se consolidado ao longo do tempo. Em outras palavras: *um precedente administrativo para ser aplicado, demandaria, supostamente, o preenchimento do pressuposto da reiteração.*

Como bem anota Silvia Díez Sastre,[336] a reiteração é requisito para a consolidação do costume, que não pode ser confundido com os precedentes, em razão de sua origem peculiar.[337] O costume, como vimos anteriormente, provém da sociedade e por esta razão precisa da reiteração e do transcurso de certo lapso temporal para se sedimentar e, por conseguinte, ser observado pelas pessoas. Já os precedentes administrativos, assim como os judiciais, tem origem em decisões do Estado, sendo que a sua autoridade não depende de reiteração ou do transcurso de qualquer lapso temporal.

O que é realmente importante para a validade dos precedentes administrativos, tal como ocorre com os precedentes judiciais, é a *ratio decidendi* e não a reiteração.

Temos que lembrar, também, que uma das finalidades dos precedentes administrativos, quiçá a mais importante, é a manutenção da *coerência* na Administração Pública e o *tratamento igualitário* de pessoas que se encontrem na mesma situação.

Ora, para que se aplique adequadamente o princípio da igualdade não é necessário aguardar a reiteração de um determinado precedente administrativo. *É justamente o oposto: permitir que até a suposta consolidação*

---

[334] CASSAGNE, Juan Carlos. *Curso de Derecho Administrativo*, 10. ed., Buenos Aires, La Ley, 2011. t. I, p. 170. IVANEGA, Mirian. *Los precedentes administrativos en el derecho argentino.* In: MUNOS, Rodríguez-Arana. (coord.). *Fuentes del derecho*, Buenos Aires, Rap, 2010, p. 80.

[335] SASTRE, Silvia Díez. *El precedente administrativo.* Madrid, Marcial Pons, 2008, p. 91-92.

[336] Ibidem, p. 92.

[337] CAETANO, Marcelo. *Tratado elementar de direito administrativo.* Coimbra, Editora Coimbra, 1944, p. 44.

do precedente a Administração Pública possa tratar de maneira diversa situações que guardam similitudes entre si é violar grosseiramente o princípio da igualdade. A reiteração, em suma, é contrária ao princípio da igualdade.

Sobre este ponto, são lúcidas as palavras de José Ortiz Díaz:

> O precedente não se baseia na maior ou menor reiteração idêntica ou análoga das resoluções da Administração. Supõe, como dito, uma aplicação concreta do princípio da igualdade ante a Administração, donde se deduz que bastaria apenas um precedente, para que se possa invocar a autoridade do mesmo, já que a aplicação da igualdade não depende de um critério quantitativo, mas sim qualitativo.[338]

Em verdade, para os precedentes administrativos (e judiciais) a reiteração serve apenas para robustecer a sua força persuasiva[339] (= eficácia social), e jamais poderá ser considerada como requisito para sua eficácia vinculante, sob pena de se amesquinhar o direito fundamental dos cidadãos à aplicação isonômica da norma jurídica.

4.6 PRECEDENTES ADMINISTRATIVOS E DISCRICIONARIEDADE E VINCULAÇÃO ADMINISTRATIVA

Discricionariedade administrativa, é uma característica da competência administrativa[340] estabelecida por regra jurídica superior ao ato

---

[338] "El precedente no se basa en la mayor o menor reiteracíon idéntica o análoga de las resoluciones de la Administracíon. Supone, como queda dicho, una aplicacíon concreta del princípio de igualdad ante la Administración, de donde se deduce que bastaria un solo precedente, para que pueda invocarse la autoridad del mismo, ya que la aplicación de la igualdad no depende de un critério cuantitativo, sin, por el contrário, cualitativo"; ORTIZ DÍAS, José. El Precedente Administrativo. *Revista de Administración Pública*, n. 24, p. 102-103. Augusto Durán Martínez também entende ser desnecessária a reiteração; *El Precedente Administrativo*. In Fuentes del *Derecho Administrativo*. Buenos Aires, Ediciones RAP, 2010, p. 697.

[339] "En qualquier caso, la reiteración sera un dato fáctico a tener en cuenta, con fuerza persuasiva, pero no *condicio sine qua non* para que el precedente pueda desplegar sus efectos, ta y como sucede con la costumbre"; SASTRE, Silvia Díez. *El precedente administrativo:* Fundamentos y eficacia vinculante. Madrid, Marcial Pons, 2008, p. 93.

[340] A vinculação e a discricionariedade são competências administrativas estatuídas por normas

administrativo editado, que confere certa margem de apreciação subjetiva ao administrador para que este escolha, dentre duas ou mais soluções válidas perante o Direito, a que *melhor* se adeque à finalidade legal e ao caso concreto. As circunstâncias em que a discricionariedade administrativa poderá se revelar serão descritas a seguir.

A discricionariedade, como se nota, está contida na regra jurídica superior, mas isto não é suficiente para que o administrador público possua liberdade diante do caso concreto. A discricionariedade contida na regra jurídica superior é condição *necessária*, mas não *suficiente* para o exercício da competência discricionária, como bem anota Celso Antônio Bandeira de Mello.[341]

Em primeiro lugar porque a discricionariedade constitui a etapa seguinte à interpretação da norma jurídica a ser aplicada,[342] ou seja, "o domínio do poder discricionário começa onde termina o da interpretação"[343] – especialmente a sistemática. Esgotadas as vias interpretativas, é necessário para que haja discricionariedade, que a análise do caso concreto permita certa margem de liberdade de apreciação subjetiva.[344] Na hipótese do caso concreto não der margens a dúvidas quanto a adequação ou inadequação de determinado comportamento da Administração Pública, não se estará diante do exercício de competência discricionária e o controle jurisdicional será possível.

---

jurídicas superiores ao ato administrativo editado. Por esta razão, não é tecnicamente correto, muito embora seja a maneira usual de referir-se a esta importante classificação dos atos administrativos, utilizar-se os signos *atos vinculados* e *atos discricionários*. É que a vinculação e a discricionariedade situam-se, como dito, no plano da norma jurídica superior, não no plano do próprio ato administrativo. Não é o ato administrativo vinculado ou discricionário, mas sim a competência conferida pela norma jurídica superior ao administrador. Neste sentido: FAGUNDES, Miguel Seabra. *O controle dos atos administrativos pelo Poder Judiciário*. 7.ed., Rio de Janeiro, Forense, 2006, p. 91-93.

[341] BANDEIRA DE MELLO, Celso. *Curso de Direito Administrativo;* op. cit., p. 991.

[342] COSTA, Regina Helena. *Conceitos Jurídicos indeterminados e discricionariedade administrativa*. São Paulo: Justitia, 1989, p. 47.

[343] STASSINOPOULOS, Michael. *Traite des act et administratifs*. Paris, Librairie Generale de Droit et de Jurisprudence, 1973, p. 151.

[344] BANDEIRA DE MELLO, Celso Antônio. *Discricionariedade e controle jurisdicional*. 2. ed., São Paulo, Malheiros Editores, 2003, p. 37.

Esta liberdade de apreciação conferida ao agente público pode ser observada quando a norma superior se vale de: *a)* conceitos jurídicos indeterminados; *b)* quando não descreve a situação fática que dá ensejo à atuação do administrador; *c)* quando confere ao agente público a possibilidade de agir ou não agir; *d)* quando dá ao agente público a possibilidade de eleger uma solução dentre pelo menos duas diferentes providências objetivamente estabelecidas; *e)* quando permite ao agente público escolher do momento de praticar o ato; *f)* quando autoriza o agente público a escolher a forma pela qual este irá praticar o ato; *g)* quando confere ao administrador a escolha da solução mais adequada à finalidade legal.[345]

Em lado oposto à discricionariedade administrativa e em número bem menor, encontra-se a vinculação administrativa. Esta, ao contrário daquela, não confere qualquer margem de apreciação subjetiva ao administrador, que se vê amarrado por comandos dotados de *objetividade absoluta*. O comportamento da Administração Pública, portanto, está completa e objetivamente traçada pela norma jurídica superior.[346]

É importante registrarmos, na esteira do Professor Celso Antônio Bandeira de Mello,[347] que discricionariedade e vinculação podem coexistir em um mesmo dispositivo legal. É perfeitamente possível, por exemplo, que a hipótese de incidência de determinado dispositivo dê certa margem de apreciação ao administrador, mas o seu comando não.

Se pudéssemos escolher entre uma norma que atribuísse competência discricionária ao administrador e outra que lhe outorgasse competência vinculante, certamente escolheríamos a segunda opção, já que confere maior proteção ao administrado contra os abusos da Administração Pública no momento da aplicação da norma.

---

[345] BANDEIRA DE MELLO, Celso Antônio. *Discricionariedade e controle jurisdicional*. 2. ed., São Paulo, Malheiros Editores, 2003, p. 19-21.

[346] Mesmo que dotados de objetividade absoluta, os atos derivados do exercício da competência vinculada devem ser interpretados. E pelo fato de poder existir divergências interpretativas, é que podemos afirmar que os precedentes administrativos também podem ser utilizados quando estamos diante dos chamados de uma vinculação administrativa.

[347] BANDEIRA DE MELLO, Celso. *Curso de Direito Administrativo*; op. cit., p.1013,

Ora, perguntaríamos, se muitos dos abusos e arbitrariedades suportados pela sociedade ao longo dos tempos estão intimamente relacionados à liberdade conferida aos administradores (=discricionariedade administrativa), por que as sociedades modernas não eliminam de vez qualquer margem de apreciação subjetiva do administrador? Por que não esgotar definitivamente esta fonte de grandes abusos?

Por mais que concordemos que a discricionariedade administrativa é uma fonte inesgotável de ilegalidades, abusos, perseguições e privilégios, fato é que nem mesmo o mais arguto dos legisladores conseguiria extirpá-la de vez dos quadrantes do Estado de Direito.[348] O legislador, em suma, jamais conseguira encontrar soluções abstratas para todas as situações, pois é imprescindível, em inúmeros casos, a análise do caso concreto.[349]

Desta forma, não é possível, tampouco desejável, mecanizar-se integralmente a Administração Pública através de normas jurídicas que vinculem toda a sua atuação.

Mas haveria alguma maneira de se controlar a discricionariedade administrativa, quando ela verdadeiramente se apresentasse? Apesar de não termos dúvidas de que o *mérito*[350] da decisão administrativa é inatacável, acreditamos que é possível controlar-se a discricionariedade administrativa, de modo a proteger o administrado dos

---

[348] Sobre este ponto, conferir as valiosas lições de DI PIETRO, Maria Sylvia Zanella. *Discricionariedade Administrativa na Constituição de 1988*. 2. ed., São Paulo, Atlas, 2001, p. 67-71; FIORINI, Bartolome A. *La Discrecionalidad en la Administracion Pública*. Buenos Aires, Editorial Alfa, 1948, p. 35-41; GARCÍA DE ENTERRÍA, Eduardo; FERNÁNDEZ, Tomás-Ramón. *Curso de derecho administrativo*. 13. ed., Navarra, Thomson Civitas, 2006, v. I e II, p. 437-439 e TÁCITO, Caio. *Temas de Direito Público*. Rio de Janeiro, Renovar, 1997, v. I, p. 92-93.

[349] O Direito sempre quer a solução ótima, mas nem sempre é possível fixa-la no plano abstrato da norma. Daí a existência da discricionariedade.

[350] Segundo Celso Antônio Bandeira de Mello, mérito seria "o campo de liberdade suposto na lei e que afetivamente venha remanescer no caso concreto, para que o administrador, segundo critérios de conveniência e oportunidade, decida-se entre duas ou mais soluções admissíveis perante a situação vertente, tendo em vista o exato atendimento da finalidade legal, ante a impossibilidade de ser objetivamente identificada qual delas seria a única adequada"; BANDEIRA DE MELLO, Celso. *Curso de Direito Administrativo;* op. cit., p. 993.

humores e da falta de coerência do administrador, através dos *precedentes administrativos*.[351]

Ora, se a lei conferiu competência discricionária ao administrador, e se esta discricionariedade se manteve após a interpretação da norma jurídica a ser aplicada, e o caso concreto realmente permita a escolha entre duas ou mais soluções igualmente válidas, a partir do momento em que o administrador escolhe a melhor solução para o caso, *esta mesma solução deverá ser utilizada para casos posteriores*, substancialmente semelhantes e submetidos às mesmas normas jurídicas.[352]

Percebemos, portanto, que a utilização dos precedentes administrativos não ataca o "mérito" do ato administrativo decorrente do exercício de competência discricionária, mas apenas *fixa* a sua *ratio decidendi*, que deverá ser observada em situações futuras, dada a sua força vinculante.

---

[351] Sobre os precedentes e a discricionariedade administrativa, assim anotaram Jose Luis Villar Palasi e Jose Luis Villar Ezcurra: "[...] Es justamente en aquellos ámbitos jurídicos en los que existe una autonomía de voluntad donde existe también una posibilidad de autonormación. En aquellas parcelas del Derecho administrativo en que existe discrecionalidad, autonomía a favor de la Administración, debe existir también la posibilidad de que la Administración se autovincule mediante el precedente"; *Principios de derecho administrativo*. Madrid: Universidad de Madrid, 1982, t. I, p. 328-329. Neste mesmo sentido: "Luego, el precedente administrativo tiende a acogerse como elemento en el que pueda fundarse el sistema jurídico, entendido como instrumento material y sustancial del Estado de Derecho, de manera que opere, a su vez, como una suerte de control de la discrecionalidad administrativa, reforzando las garantías de los asociados y permitiendo el desdoblamiento de la tutela efectiva de los derechos en el marco del ejercicio de las actividades administrativas"; GAMBOA, Jaime Orlando Santofino; op. cit., p. 72. Neste mesmo sentido: "Y no cabe duda que la obligatoriedad de que la Administración, mediante el 'precedente', trate igualmente a las situaciones iguales puede constituir un eficaz remédio preventivo para evitar el con razón tan temido abuso arbitrário de la discreción"; DÍAZ, José Ortiz. *El Precedente Administrativo*. Madrid, Revista de Administración Pública, n. 24, 1957, p. 105. "La técnica del precedente es útil para controlar em determinados supuestos el ejercicio de la discricionalidad y evitar la arbitrariedade"; SESIN, Domingo Juan. *Administración Pública. Actividad Reglada, Discrecional y Técnica*. Buenos Aires, LexisNexis, 2004, p. 358.

[352] Curioso anotar que Stassinopoulos já dizia que a discricionariedade "possui um limite que é a igualdade. Há igualdade quando se toma as mesmas medidas em condições similares ou análogas; não há, por outro lado, igualdade, se, diante das mesmas condições, se nega a um o que se concedeu a outro"; *Traite des act et administratifs*. Paris, Librairie Generale de Droit et de Jurisprudence, 1973, p. 212.

Se por um lado o campo de atuação dos precedentes administrativos está intimamente ligado com o exercício da discricionariedade administrativa, por outro não se pode refutar a sua importância quando estamos diante da vinculação administrativa.

Deveras, é possível utilizarmos os precedentes administrativos no exercício da competência vinculada. Isto porque, não vigora na hermenêutica contemporânea o brocardo *in claris cessat interpretatio*, que propugna a desnecessidade de se interpretar regras jurídicas claras.[353] Ora, se toda e qualquer regra jurídica é passível de ser interpretada antes de sua aplicação, é lícito concluir que mesmo as regras jurídicas que possuam comandos dotados de *objetividade absoluta*, podem dar ensejo a soluções dispares, pois interpretações diversas podem ser adotadas. Daí conclui-se, portanto, que os precedentes administrativos também possuem utilidade no campo da vinculação administrativa.[354]

4.7 PRECEDENTES ADMINISTRATIVOS, PROCESSO ADMINISTRATIVO E ATOS AMPLIATIVOS E RESTRITIVOS DE DIREITOS

Apesar da Constituição Federal de 1988 fazer referência expressa ao processo administrativo (*v.g.*, art. 5º, LV), até pouco tempo atrás pouca relevância se dava ao tema. Foi apenas a partir da promulgação da Lei n. 9.784/99, que trata do processo administrativo no âmbito da Administração Pública Federal, que de fato se intensificaram os estudos do processo administrativo, muito embora a doutrina estrangeira já ressaltasse a importância do processo administrativo.

Adolfo Merkl,[355] em 1927 destacava a relevância do processo administrativo ao afirmar que além do processo não ser um monopólio da

---

[353] MAXIMILIANO, Carlos. *Hermenêutica e Aplicação do Direito*. 19. ed., Rio de Janeiro, Forense, 2003, p. 27 e s.

[354] DÍEZ-PICAZO, Luis; op. cit., p. 28-29.

[355] MERKEL, Adolfo. *Teoría General del Derecho Administrativo*. Granada, Editorial Comares, 2004, p. 272.

função jurisdicional, "no fundo, toda administração é procedimento administrativo, e os atos administrativos se apresentam como meros produtos do procedimento administrativo".[356]

Deveras, como bem assinala Adolfo Merkl,[357] Celso Antônio Bandeira de Mello[358] e Carlos Ari Sundfeld,[359] entre o estabelecido na lei e o ato administrativo que acaba por materializá-la (*v.g.* regulamentos, atos administrativos em sentido estrito, contratos administrativos) existe um caminho a ser perseguido.[360] Isto porque, salvo raras exceções, o ato administrativo "não surge como um passe de mágica",[361] pois, reforce-se, entre a lei – ou qualquer outra norma jurídica – e o ato *deve* existir um processo.

Carlos Ari Sundfeld ressalta com muita propriedade a importância do processo administrativo para a formação das decisões administrativas:

> Uma lei geral de processo administrativo não regula apenas os chamados processos administrativos em sentido estrito, mas toda a atividade decisória da Administração, sem exceções,

---

[356] Muito já se discutiu acerca da diferença entre processo e procedimento. A nosso ver, processo é, nas palavras de Sílvio Luís Ferreira da Rocha, "uma relação jurídica formada por uma sucessão de atos voltados a um resultado final e conclusivo"; *Manual de Direito Administrativo*. São Paulo, Malheiros Editores, 2013, p. 276. Enquanto procedimento é "a vestimenta do processo, a forma pela qual ele é exteriorizado. Procedimento é rito, que será mais ou menos formal, com maior ou menor lapso temporal para a sua conclusão, [...] que variará com a espécie de processo em causa e com a respectiva disciplina legal"; PETIAN, Angélica. *Regime Jurídico dos Processos Administrativos Ampliativos e Restritivos de Direito*. São Paulo, Malheiros Editores, 2011, p. 85. No âmbito da função administrativa, a licitação é um processo administrativo, do tipo concorrencial, que possui diversos procedimentos chamados modalidades licitatórias (*v.g.*, concorrência, tomada de preço, convite, pregão).

[357] Ibidem.

[358] BANDEIRA DE MELLO. *Curso de Direito Administrativo;* op. cit., p. 500.

[359] SUNDFELD, Carlos Ari. *A importância do procedimento administrativo*. Revista de Direito Público – RDP. São Paulo, Revista dos Tribunais, n. 84, p. 65.

[360] Anota Adolfo Merkel: "[...] o processo, é o caminho [...] através do qual uma manifestação jurídica de um plano superior, produz uma manifestação jurídica de um plano inferior"; MERKEL, Adolfo; op. cit., p. 274.

[361] BANDEIRA DE MELLO. *Curso de Direito Administrativo*; op. cit., p. 500.

independentemente do modo como ela se expressa. Na visão brasileira mais comum, processo administrativo é um conjunto de trâmites exigidos em certas situações especiais, especialmente na demissão de servidor (processo disciplinar), no lançamento ou autuação tributária, bem como em sua impugnação (processo fiscal ou tributário). Quando pensamos na ação administrativa como um todo, normalmente não vinculamos a ela a ideia de processo. É justamente a essa visão que uma lei geral de processo (ou procedimento) administrativo se opõe radicalmente. O pressuposto lógico de uma lei assim é o de que, na Administração Pública, decidir é fazer processos – isto é, toda a atividade decisória é condicionada por princípios e regras de índole processual.[362]

Uma das consequências imediatas desta invulgar, mas fundamentada, valoração do processo administrativo, está também relacionada com a uniformização da atuação administrativa. É evidente que ao se estabelecer processos e procedimentos para a tomada de decisões, para se chegar a um ato final e conclusivo, minimiza-se, mas não se elimina por completo, as chances de decisões dispares sobre uma mesma situação fática. O processo administrativo, portanto, é o primeiro passo na busca da coerência das atuações da Administração Pública.

Pelo que foi exposto, percebe-se que o processo administrativo é um instrumento de legitimação da atuação administrativa (= legitimação do poder),[363] garantidor dos direitos dos administrados[364] (art. 5º, LIV, Constituição Federal, e art. 1º da Lei n. 9.784/97) e que tem por objetivo a produção de um ato final e conclusivo[365] – que poderá ser *ampliativo* ou *restritivo* da esfera jurídica dos administrados.

---

[362] SUNDFELD, Carlos Ari. *As leis de processo administrativo. Lei federal n. 9.784/99 e Lei paulista n. 10.177/98*. São Paulo, Malheiros Editores, 2000, p.19.

[363] *Vide* os comentários de MEDAUAR, Odete. *A processualidade no Direito Administrativo*. 2. ed., São Paulo, Revista dos Tribunais, 2008, p. 70.

[364] SIMÕES, Mônica Martins Toscano. *O Processo Administrativo e a Invalidação de Atos Viciados*. São Paulo, Malheiros Editores, 2004, p. 55-59.

[365] PETIAN, Angélica; op. cit., p. 94-95.

É justamente o produto do processo administrativo, a decisão, ou seja, o ato final e conclusivo, ampliativo ou restritivo da esfera jurídica dos administrados, que mais nos interessa quando estudamos os precedentes administrativos.

Os precedentes administrativos buscam a uniformização das decisões administrativas após o percurso legitimatório chamado *processo administrativo*. Seu alvo, portanto, não é o processo em si, *mas o seu produto*, do qual se extrai, por indução, uma norma jurídica dotada de eficácia vinculante – por óbvio – a ser observada em todos os casos posteriores e substancialmente similares.

Os precedentes administrativos *podem* ser extraídos de qualquer ato administrativo individual e concerto, provenha ele dos chamados processos administrativos ampliativos de direitos,[366] em qualquer uma de suas subdivisões (concorrenciais; não concorrenciais)[367] ou dos chamados processos administrativos restritivos de direito,[368] também em qualquer uma de suas subdivisões (meramente ablativos; sancionadores).[369]

Como o propósito de ilustramos a possibilidade de um precedente administrativo ser extraído de um ato administrativo ampliativo da esfera jurídica do administrado, e obtido ao cabo de um processo administrativo de igual natureza, tomemos o caso da concessão do benefício do auxílio-transporte aos servidores públicos federal.

---

[366] É digna de nota a definição de Angélica Petian: "Os processos ampliativos de direito são aqueles que alargam a esfera jurídica do destinatário, causando-lhe um efeito favorável, seja porque autorizam o exercício de um novo direito, seja porque ampliam direito já existentes, ou ainda, restringem ou extinguem limitações a direitos dos destinatários"; ibidem, p. 104.

[367] BANDEIRA DE MELLO, Celso. *Curso de Direito Administrativo*; op. cit., p. 512.

[368] Para Angélica Petian, processos restritivos de direito "são aqueles que diminuem a esfera jurídica do destinatário, causando-lhe gravame, seja porque impõem um novo dever ou restrição, seja porque estendem dever já existente, ou, ainda, suprimem direito existente. Em qualquer hipótese haverá um efeito negativo para o administrado"; PETIAN, Angélica; op. cit., p. 107.

[369] BANDEIRA DE MELLO, Celso. *Curso de Direito Administrativo*; op. cit., p. 512. Sobre os precedentes e as sanções administrativas, *vide* as considerações de Rafael Munhoz de Mello (*Princípios Constitucionais de Direito Administrativo Sancionador*. São Paulo, Malheiros Editores, 2007, p. 203.

Estabelece o art. 1º, *caput*, da Medida Provisória n. 2.165/01, que o auxílio-transporte somente poderá ser concedido ao servidor público que no trajeto residência-trabalho-residência, utilize transporte coletivo.[370]

Imagine-se que um servidor público, que não possua transporte público perto de sua residência ou que este seja insuficiente para realizar o trajeto mencionado, e, portanto, tenha que utilizar seu carro particular para o seu deslocamento diário, requeira a concessão do auxílio-transporte para o custeio de seus gastos com *combustível*, por considerar que o auxílio-transporte possui natureza indenizatória e que, portanto, não existe razão para a desiquiparação promovida pela Medida Provisória n. 2.165/01. Além da natureza indenizatória, acrescenta o servidor público que os princípios da razoabilidade, proporcionalidade e vedação de enriquecimento ilícito da Administração Pública, possibilitariam a ampliação da hipótese de incidência do dispositivo legal.[371]

Imagine-se, ainda, que a Administração Pública Federal ao apreciar o pedido formulado por seu servidor se convença de seus argumentos – que, aliás, encontram guarida na jurisprudência do Superior

---

[370] "Art. 1º Fica instituído o Auxílio-Transporte em pecúnia, pago pela União, de natureza jurídica indenizatória, destinado ao custeio parcial das despesas realizadas com transporte coletivo municipal, intermunicipal ou interestadual pelos militares, servidores e empregados públicos da Administração Federal direta, autárquica e fundacional da União, nos deslocamentos de suas residências para os locais de trabalho e vice-versa, excetuadas aquelas realizadas nos deslocamentos em intervalos para repouso ou alimentação, durante a jornada de trabalho, e aquelas efetuadas com transportes seletivos ou especiais". (BRASIL. Medida Provisória n. 2.165-36, de 23 de agosto de 2001. Institui o auxílio-transporte, dispõe sobre o pagamento dos militares e dos servidores do Poder Executivo Federal, inclusive de suas autarquias, fundações, empresas públicas e sociedades de economia mista, e dá outras providências. Brasília, *Diário Oficial da União*, 24 ago. 2001).

[371] Sobre este função extensora dos princípios, assim grafou Rafael Valim: "Imperioso notar, ainda, que diante do caso concreto, mais de um sentido do texto pode estar em consonância com o princípio que lhe serve de suporte, como também pode ocorrer, em situações excepcionais, ora de nenhum sentido ser admissível, obrigando ao afastamento da subsunção do caso concreto à norma, ora de os significados possíveis comportados pelo texto normativo serem insuficientes ao atendimento do princípio, obrigando à extensão do alcance da hipótese normativa ou até mesmo ao aproveitamento do mandamento da regra em desconsideração à sua hipótese normativa"; VALIM, Rafael. *O Princípio da Segurança Jurídica no Direito Administrativo Brasileiro*. São Paulo, Malheiros Editores, 2010, p. 39.

Tribunal de Justiça (REsp n. 980.692, REsp n. 576.442) – e defira o pagamento do auxílio-transporte, dentro dos limites fixados pelo diploma legal em comento.

Esta decisão da Administração Pública, consubstanciada em um ato administrativo ampliativo de direitos, que reconheceu o direito do servidor à percepção do auxílio transporte para o custeio de suas despesas com seu carro no trajeto residência – trabalho – residência, deu origem a um precedente administrativo sobre a matéria, a ser obrigatoriamente observado em casos substancialmente similares. Caso a Administração Pública não expeça um ato normativo geral e abstrato (*v.g.* regulamento) para reconhecer o direito de todos os servidores que estejam em situação semelhante, estes poderão invocar o precedente administrativo mencionado.

Outro exemplo que poderia ser mencionado é o do *porte de arma de fogo para defesa pessoal*. Este tipo de porte de arma possui a natureza jurídica de autorização, ou seja, é discricionário, e dentre as diversas exigências prevista no art. 10 da Lei n. 10.826/2003 (Estatuto do Desarmamento), está a necessidade de se demonstrar a *ameaça à integridade física do administrado*. É dizer a Administração Pública avaliará se o administrado, diante das informações prestadas, tem a sua integridade física ameaçada.

Imagine-se que um administrado dirigiu-se à Polícia Federal e fez a solicitação do porte de arma para defesa pessoal. Após confirmar o preenchimento dos demais requisitos legais e atestar que o administrado vive em região na qual os índices de segurança atingiram patamares alarmantes, resolve autorizar o porte de arma.

Imagine-se agora um outro administrado, que também preencheu todos os requisitos exigidos pela Lei e que vivia na mesma região do primeiro administrado. Neste caso, poderia a Administração Pública negar o porte de arma a este administrado? Obviamente que não, pois firmou-se o entendimento (= precedente administrativo) de que todos os cidadãos que morassem naquela região *e preenchessem os demais requisitos legais*, teriam direito ao porte de arma.

Mas não é apenas diante de processos e atos ampliativos de direitos que os precedentes administrativos podem se formar. Como dissemos anteriormente, os precedentes administrativos também podem ser extraídos de atos administrativos restritivos da esfera jurídica do administrado, e obtido ao cabo de um processo administrativo de igual natureza.

Vejamos um exemplo.

O caso que ilustrará a possibilidade de se extrair precedentes administrativos a partir de atos restritivos é bastante conhecido.

O Código de Defesa do Consumidor, ao tratar das sanções administrativas às infrações das normas de defesa do consumidor, estabelece em seu art. 57 que a multa a ser aplicada – sempre ao cabo de um processo administrativo restritivo de direitos –, varia de duzentas a três milhões de vezes o valor da Unidade Fiscal de Referência (Ufir), tendo-se como parâmetro a gravidade da infração, a vantagem auferida e a condição econômica do infrator.

Não obstante a induvidosa invalidade do referido dispositivo legal, por afrontar os princípios da proporcionalidade e razoabilidade e conferir grande poder ao agente público, o que desvirtua a máxima do *rule of law, not of men*,[372] certo é que ao fixar a multa aplicada a determinado fornecedor e diante de determinada situação, deste ato restritivo extrai-se um precedente administrativo a ser aplicado a todos os casos posteriores similares.

Os precedentes administrativos, nesta situação, são uma forma para minimizar os efeitos nocivos de uma multa fixada cuja extensão possibilita o cometimento de arbitrariedades.

Em suma, o que realmente importa é que o ato administrativo individual e concreto expedido, seja ele ampliativo ou restritivo da esfera jurídica do administrativo, tenha fixado o entendimento da Administração Pública sobre determinada norma jurídica e diante de determinada situação fática. Assim, ao eleger, a partir da interpretação das normas

---

[372] BANDEIRA DE MELLO, Celso. *Curso de Direito Administrativo*; op. cit., p. 878.

jurídicas incidentes, a solução a determinado caso, esta mesma solução deve ser obrigatoriamente observada em situações substancialmente similares e posteriores, dada a sua eficácia vinculante. Apenas o uso da técnica da superação poderá impedir a utilização de determinado precedente em situações substancialmente similares.

5
CONSEQUÊNCIAS DA INOBSERVÂNCIA DOS PRECEDENTES ADMINISTRATIVOS E A SUA SUPERAÇÃO

5.1 CONSEQUÊNCIAS DA INOBSERVÂNCIA DOS PRECEDENTES ADMINISTRATIVOS

Uma das maneiras de se aferir a relevância jurídica de algum instituto, principalmente quando este instituto não está previsto e adequadamente sistematizado em nosso ordenamento jurídico, dá-se pela análise das consequências jurídicas de sua inobservância.

No caso dos precedentes administrativos, admitida a sua eficácia vinculante, julgamos que a sua inobservância poderá gerar duas consequências:[373] *(i)* invalidação do ato administrativo contrário ao precedente existente e a observância do precedente administrativo incidente; *(ii)* responsabilização do Estado por possíveis danos (morais e patrimoniais) causados ao administrado.

Vejamos cada uma destas consequências.

---

[373] MARTÍNEZ, Augusto Durán. El Precedente Administrativo. *In*: MUÑOZ, Jaime Rodríguez-Arana; GARCÍA, Miguel Ángel Sendín (coord.). *Fuentes del Derecho Administrativo*. Buenos Aires, Ediciones Rap, 2010, p. 696-697.

5.1.1 Invalidação do ato administrativo contrário ao precedente e observância do precedente incidente

Ora, se considerarmos que os precedentes administrativos são normas jurídicas e possuem eficácia vinculante, ou seja, se a Administração Pública *deve* observar a decisão tomada em situação substancialmente semelhante, fácil concluir que a inobservância do precedente aplicável ao caso ocasionará a *invalidação* do ato administrativo expedido.[374]

Assim, além de poder ser invalidado por colidir com uma norma jurídica (regra ou princípio) constitucional ou infraconstitucional, um ato administrativo também poderá ser invalidado quando contrariar determinado precedente administrativo. Aliás, o art. 489, § 1º, VI, do Código de Processo Civil de 2015, prevê a possibilidade de invalidação de sentença que não observa determinado precedente judicial.

Obviamente que esta contrariedade ao precedente administrativo deve ser injustificada, pois, como veremos, desde que estejamos diante de uma hipótese de *superação* de precedentes administrativos e haja motivação suficiente, é possível a inobservância do precedente administrativo incidente. Em outras palavras, o ato administrativo contrário ao precedente somente será invalidado quando este não for motivado ou a motivação para justificar a inobservância do precedente (= superação) for inadequada ou insuficientemente (art. 50, VII, Lei de Processo Administrativo Federal). *Ou seja: caso a inobservância de determinado precedente administrativo tenha sido devidamente motivada e estas motivações encontrem guarida no ordenamento jurídico brasileiro, ocorrerá a superação do precedente anterior e a formação de um novo precedente, de modo que nenhuma invalidade poderá ser arguida.*

É importante registrar que a invalidação do ato administrativo contrário ao precedente administrativo pode ser realizada tanto pela Administração Pública (autotutela), quanto pelo Poder Judiciário, já que a não observância de um precedente configura a violação de uma norma jurídica.

---

[374] "La violación de um precedente vinculante constituye una infracción al ordenamiento jurídico." SESIN, Domingo Juan. *Administración Pública. Actividad Reglada, Discrecional y Técnica.* Buenos Aires, LexisNexis, 2004, p. 359.

Invalidado o ato administrativo contrário ao precedente, quer pela Administração Pública, quer pelo Poder Judiciário, deve-se aplicar o precedente administrativo incidente no caso em exame, que poderá eventualmente ser superado, desde que haja motivação suficiente para tanto.

5.1.2 Indenização pelos prejuízos causados ao administrado

Quando o Estado, por sua ação ou omissão, causa ao administrado um dano, tem a obrigação de repará-lo. Naqueles casos (= danos causados por ação do Estado) a responsabilidade do Estado, quer por ato ilícito, quer por ato lícito, é objetiva.[375] É dizer: o dever do Estado em reparar o dano causado ao administrado independe do elemento *culpa*.

Também é assente na doutrina e jurisprudência nacional que os danos causados pelo Estado não se limitam a atos materiais. Os atos jurídicos, lícitos ou ilícitos, também podem acarretar a responsabilização do Estado.[376]

Ora, se o Estado é responsável por danos causados aos administrados, mesmo tendo estes danos origem em atos jurídicos (lícitos ou ilícitos), resta claro que os prejuízos suportados pelo administrado por conta da inobservância de determinado precedente administrativo, indiscutivelmente aplicável ao caso concreto, gerará ao Estado o dever de indenizá-lo quando demonstrado e comprovado o prejuízo.

Isto ocorre porque os precedentes administrativos são dotados de eficácia vinculante, são normas jurídicas, de modo que a partir do momento que um precedente administrativo é inobservado e não for o caso de sua superação, *deve* a Administração Pública, ou o Poder Judiciário em último caso, invalidar a decisão administrativa e reparar todos os prejuízos suportados e comprovados pelo administrado.

---

[375] "Na primeira hipótese – o Estado gera o dano, produz o evento lesivo – entendemos que é de aplicar-se a responsabilidade objetiva"; BANDEIRA DE MELLO, Celso. *Curso de Direito Administartivo*; op. cit., p. 1039.

[376] Ibidem.

5.2 SUPERAÇÃO DOS PRECEDENTES E SUA EFICÁCIA TEMPORAL

Para justificarmos a eficácia vinculante dos precedentes administrativos no Direito brasileiro, fizemos menção a quatro princípios jurídicos, sendo os mais relevantes, o da igualdade e o da segurança jurídica, e a dois artigos da Lei de Processo Administrativo Federal.

Ao discorrermos sobre os dois dispositivos legais que a nosso ver contribuem para que os precedentes administrativos sejam dotados de eficácia vinculante no Direito brasileiro, registramos que estes tratavam do momento da superação do precedente. Extraímos, portanto, a eficácia vinculante dos precedentes administrativos também a partir de regras que versavam sobre a superação de um precedente.

Desta maneira, muito do que se tem a dizer sobre a superação dos precedentes administrativos já foi antecipado ao tratarmos dos arts. 2º, *parágrafo único*, inciso XIII, e art. 50, VII, ambos da Lei de Processo Administrativo Federal.

Mesmo assim, dada a importância do tema, versaremos novamente sobre o tema da superação dos precedentes administrativos, agora com maior profundidade. Assim, trataremos neste item do dever de motivar a superação dos precedentes administrativos, da eficácia temporal da superação dos precedentes e destacaremos, uma vez mais, a diferença entre a técnica da superação dos precedentes e o das *distinções*.

5.2.1 Dever de motivar suficientemente a superação do precedente administrativo

Como vimos até o momento, os precedentes administrativos possuem eficácia vinculante em nosso ordenamento jurídico, de modo que a Administração Pública está obrigada a manter a coerência de suas decisões, sob pena de deflagração das consequências mencionadas anteriormente.

Todavia, conforme ventilado, os precedentes administrativos, mesmo sendo dotados de eficácia vinculante, podem deixar de ser observados pela Administração Pública. Isto ocorrerá quando o precedente aplicável em tese ao caso concreto tiver de ser *superado*. *A eficácia vinculante, portanto, não torna o precedente administrativo imutável, mas impõe maior cautela na sua superação – tal como ocorre com os precedentes judicias (art. 927, §§ 2º, 3º e 4º, Código de Processo Civil de 2015).*

Assim como os precedentes judiciais, os precedentes administrativos podem derivar de interpretações equivocadas de normas jurídicas, de conclusões precipitadas sobre determinados fatos, podem não ser mais compatíveis com a legislação vigente, bem como podem simplesmente deixar de ser compatíveis com os valores da sociedade em determinado momento histórico, ou seja, o interesse público sobre determinado assunto pode ter se alterado.[377]

Desta forma, a superação dos precedentes administrativos, que nada mais é do que o *overruling* do sistema da *common law*, sobre a qual discorremos ao tratarmos dos precedentes judiciais,[378] é a técnica empregada para a superação de precedentes considerados ultrapassados ou equivocados, ou seja, quando derivarem de interpretações errôneas de determinada norma jurídica ou da análise precipitada de determinados fatos, ou ainda quando se tornarem incompatíveis com a nova legislação vigente. Não ocorrendo qualquer uma destas hipóteses de superação, o precedente administrativo mantém a sua eficácia vinculante.

Como se nota, é através da superação dos precedentes que oxigenamos a aplicação do direito quando estivermos diante de situações que exijam o aprimoramento das decisões administrativas.

Cumpre-nos anotar também, à semelhança dos precedentes judiciais, que os precedentes administrativos podem ser superados de maneira expressa (*express overruling*), quando se faz menção ao precedente a ser superado, ou implícita (*implied overruling*), ou seja, a superação se dá sem se fazer qualquer referência ao precedente administrativo existente.

---

[377] GARCÍA, Juan Carlos Cabanas. *El Derecho a la Igualdad en la aplicación judicial de la ley*. Madrid, Editorial Aranzadi, 2010, p. 129-130.

[378] *Vide* item 1.3.2.

Também como dissemos ao tratarmos dos precedentes judiciais, os precedentes administrativos podem ser superados integralmente ou parcialmente.

A despeito da superação ser expressa ou implícita, integral ou parcial, certo é que se exige do administrador uma alta carga argumentativa. Em outras palavras: *a não observância de um precedente administrativo, exige do administrador público amplíssima motivação*, já que os precedentes são dotados de eficácia vinculante.[379]

Lembremos que uma coisa é não possuir o dever jurídico de observar os precedentes. Coisa bem distinta é estar vinculado a precedentes e poder superá-los. No primeiro caso, bastaria para a superação do precedente a expedição de um ato administrativo contrário ao precedente, pois não há, como dito, a vinculação ao precedente. No segundo caso, além do ato administrativo contrário ao precedente, deve o administrador demonstrar através de argumentos sólidos a necessidade de superar o precedente e enfrentá-lo com intensidade argumentativa. *Deve-se demonstrar a superioridade das razões para a superação do precedente.*

Obviamente que na hipótese do precedente administrativo ser superado de maneira implícita, ou seja, quando não se combate diretamente o precedente administrativo existente, deverá ser possível depreender da motivação do ato administrativo a superioridade das razões para a superação do precedente.

Ademais, a alta carga argumentativa é necessária, pois todos aqueles que irão se submeter ao novo precedente precisam conhecer as razões de fato e de direito que justificaram a superação do precedente anterior.

Por fim, cumpre-nos reforçar que na hipótese de um precedente não ter sido observado pela Administração Pública, ou quando esta não apresentar justificativas suficientes para a superação de determinado precedente, abre-se ao administrado as portas do Poder Judiciário (art. 5º,

---

[379] A relevância da motivação da superação dos precedentes está contemplada no Código de Processo Civil de 2015 (art. 927, § 4º).

XXXV, CF), que deverá invalidar o ato administrativo expedido a revelia do precedente e compelir a Administração Pública a observar o precedente administrativo existente.[380]

5.2.2 A projeção eficacial da superação dos precedentes administrativos e a sua publicidade

Ao tratarmos dos precedentes judiciais na *common law*, registramos que a superação dos precedentes poderiam gerar quatro efeitos temporais, quais sejam: *a)* eficácia retroativa plena; *b)* eficácia retroativa parcial; *c)* eficácia prospectiva pura; *d)* eficácia prospectiva parcial.

Dentre estas quatro possíveis projeções eficaciais da superação dos precedentes, afirmamos, quando da análise do art. 2º, XIII, da Lei de Processo Administrativo, que ao vedar a retroatividade da nova interpretação, teria o legislador infraconstitucional optado pela eficácia prospectiva pura, segundo a qual os efeitos da nova decisão valem apenas para casos futuros, ou seja, não atingem a parte envolvida, tampouco os fatos ocorridos antes da superação do precedente e que continuam a ser regidos pela interpretação anterior.

De fato a irretroatividade dos efeitos da modificação de entendimentos é uma realidade no Direito brasileiro, que pode ser comprovada por outro dispositivo legal, o art. 146 do Código Tributário Nacional:

> Art. 146. A modificação introduzida, de ofício ou em consequência de decisão administrativa ou judicial, nos critérios jurídicos

---

[380] Já temos exemplos desta atuação do Poder Judiciário em nosso país: "TRIBUTÁRIO. IMPOSTO DE RENDA. DOCUMENTAÇÃO FISCAL DESTRUÍDA. ENCHENTE. ARBITRAMENTO. 1. As decisões administrativas devem guardar um mínimo de coerência, não se admitindo, por isso, tratamento diferenciado para hipóteses rigorosamente idênticas. Se duas empresas, da mesma localidade, sofreram a inutilização de sua documentação em decorrência de uma inundação, não é lícito ao Fisco, isentando uma, servir-se do arbitramento de lucro para outra com base na própria declaração de rendimento apresentada. 2. Incidência da Súmula 76, TRF. 3. Apelação e remessa improvidas." (BRASIL. Tribunal Regional Federal. 1ª Região. Apelação Cível 93.01.14341-0. Relator Juiz Fernando Gonçalves).

adotados pela autoridade administrativa no exercício do lançamento somente pode ser efetivada, em relação a um mesmo sujeito passivo, quanto a fato gerador ocorrido posteriormente à sua introdução.

Em nosso entendimento, o posicionamento que pode ser extraído da legislação infraconstitucional é o mais correto e compatível com os princípios da segurança jurídica e da boa-fé, pilares dos precedentes administrativos. Deveras, se os precedentes administrativos servem justamente para complementar a previsibilidade que se espera das atuações da Administração Pública, é induvidoso que a superação de um precedente só poderia produzir efeitos para casos futuros (=efeitos prospectivos), pois se assim não fosse, além de não observar o mencionado princípio da segurança jurídica, cairia por terra uma das funções mais relevantes dos precedentes administrativos, qual seja: *a previsibilidade das ações estatais*.

O Código de Processo Civil de 2015, em seu art. 927, § 3º, destaca a importância de se ponderar acerca dos efeitos da superação de precedentes.

Devemos registrar também que a eficácia prospectiva da superação dos precedentes exige a sua devida *publicidade*. Daí a razão pela qual sempre que precedentes administrativos são superados, tal superação deve ser amplamente divulgada, o que inclui além dos meios ordinários de publicidade (*v.g.*, diário oficial), a utilização da internet. O Código de Processo Civil de 2015, deixa muito claro a necessidade de se dar ampla publicidade aos precedentes (art. 927, § 5º), inclusive quando superados.

Assim, na linha do Professor Celso Antônio Bandeira de Mello,[381] a modificação de entendimento da Administração Pública, o que, segundo nos parece, inclui a superação de precedentes administrativos, "só produz efeitos para os casos futuros e depois de pública notícia desta alteração de entendimento". Aliás, como anotamos

---

[381] Eis as palavras de Celso Antônio Bandeira de Mello: "Pode-se, pois, dizer que, de par com o princípio da presunção de legalidade, o princípio da boa-fé é, conjugadamente com ele, outro cânone que concorre para a consagração da ideia segundo a qual a mudança de entendimento administrativo só produz efeitos para os casos futuros e depois de pública notícia desta alteração de entendimento"; BANDEIRA DE MELLO, Celso. *A estabilidade dos atos administrativos*. Revista Trimestral de Direito Público, São Paulo, Malheiros Editores, p. 78-84, 2004, p. 81.

anteriormente, o princípio da boa-fé impõe justamente esta conduta da Administração Pública.

Naturalmente que tudo o que foi dito até o momento acerca da eficácia prospectiva da superação de precedentes está relacionado com a hipótese da mudança de entendimento agravar a situação do administrado.[382] É dizer: quando o novo precedente administrativo restringir a esfera jurídica dos administrados, a eficácia deverá ser prospectiva.[383]

Ao revés, quando a superação de precedentes ampliar a esfera jurídica dos administrados, ou seja, quando ela for benéfica, a eficácia do novo precedente deverá ser *retroativa*. Exemplo: se a Administração Pública superar o entendimento de que determinada conduta de um servidor público constitui uma infração administrativa, os efeitos desta superação deverão retroagir e atingir todos os servidores que foram sancionados pelos mesmos motivos de fato.

5.3 DIFERENÇA ENTRE SUPERAÇÃO DE PRECEDENTES E DISTINÇÃO DE PRECEDENTES

A técnica de superação dos precedentes administrativos é diferente da técnica das distinções, conforme vimos ao tratarmos dos precedentes judiciais na *common law*.

---

[382] Neste sentido, anota Celso Antônio Bandeira de Mello: "Por força mesmo deste princípio, tanto como dos princípios da presunção de legitimidade dos atos administrativos e da lealdade e boa-fé, firmou-se o correto entendimento de que orientações firmadas pela Administração em dada matéria não podem, sem prévia e pública notícia, se modificadas em casos concretos para fins de sancionar, agravar, a situação dos administrados ou de negar-lhes pretensões, de tal sorte que só se aplicam aos casos ocorridos depois de tal notícia"; ibidem, p. 81.

[383] Rafael Munhoz de Mello, ao analisar os precedentes e as sanções administrativas – que restringem a esfera jurídica dos administrados –, consignou o mesmo entendimento: "As práticas reiteradas da Administração Pública também podem induzir em erro de proibição o particular. Decisões administrativas reiteradamente adotadas pelos órgãos administrativos geram nos particulares a convicção de que representam entendimento conforme o direito positivo, não sendo culpável o agir do indivíduo que segue a orientação nelas adotada. Bem por isso, a mudança de orientação consolidada por seguidas decisões da Administração não pode se voltar para o passado, mas apenas para o futuro. Se a Administração muda seu entendimento acerca da legalidade de certa conduta, não pode impor sanção administrativa aos particulares que se pautaram pelo entendimento anterior, pois agiram sem culpa alguma"; op., cit., p. 203.

Superar um precedente administrativo significa retirá-lo da ordem jurídica e substituí-lo por um outro, mais compatível com as regras e princípios incidentes sobre determinado caso, ou mais afeito ao interesse público vigorante em determinado momento.

Todavia, quando o caso concreto possuir peculiaridades significativas de modo que o precedente inicialmente invocado não pode ser aplicado, *de duas uma*: *(i)* ou se aplica um outro precedente, compatível com o caso analisado, *(ii)* ou forma-se um novo precedente, mais consentâneo com a nova situação. A esta técnica de se afastar precedentes em virtude de peculiaridades do caso concreto, que não permitem o seu enquadramento na hipótese de incidência do precedente, dá-se o nome de distinções (*distinguishing*).

Como também mencionamos alhures, a técnica das distinções é fundamental para os precedentes, sejam eles administrativos ou judiciais (art. 489, § 1º, VI, Código de Processo Civil de 2015). Isto porque a técnica das distinções está induvidosamente calcada no princípio da igualdade, pois, casos diferentes devem ser tratados de maneira diferente. Em outras palavras: se os casos são diferentes, por exigência do princípio da igualdade, não se pode aplicar a mesma *ratio decidendi*.

6

AS VANTAGENS EM SE UTILIZAR OS PRECEDENTES ADMINISTRATIVOS E A SUA OPERATIVIDADE

6.1 VANTAGENS EM SE UTILIZAR OS PRECEDENTES ADMINISTRATIVOS

Visto que os precedentes administrativos encontram guarida em nosso ordenamento jurídico, resta-nos registrar alguns apontamentos *extrajurídicos* relacionados com as vantagens de sua utilização.

Como vimos ao longo deste trabalho, o principal alicerce dos precedentes administrativos, assim como dos precedentes judiciais, é o dever se tratar igualitariamente os cidadãos também no momento de aplicação de uma lei ou de qualquer outra norma jurídica. Este verdadeiro dever de aplicação *in concreto* do princípio da igualdade, de uniformização da atuação administrativa, garante à Administração Pública maior *credibilidade*, robustece o senso de *justiça* nas pessoas e as torna mais confiantes na *veracidade* do conteúdo das decisões tomadas.

Este incremento na *credibilidade* da Administração Pública caminha ao lado de outra vantagem dos precedentes administrativos, qual seja, a *melhoria da qualidade* das decisões a serem tomadas.[384] Como vimos, os núcleos das decisões (*ratio decidendi*) tomadas pela Administração Pública servirão de paradigma obrigatório para casos substancialmente similares e posteriores, circunstância que exige do administrador maior cuidado na tomada de decisões e na fundamentação das mesmas.

Também não podemos nos esquecer de que a *superação* de um precedente ou o emprego da técnica das *distinções* exigem uma alta carga argumentativa, que tem por consequência a necessidade de que a decisão que não observar o precedente incidente ou supostamente incidente seja de melhor qualidade, sob pena de ser invalidada, quer pela própria Administração Pública, quer pelo Poder Judiciário.

Outra vantagem significativa de se utilizar os precedentes administrativos é que estes podem proporcionar maior *celeridade* das decisões administrativas. Armazenar nos arquivos da Administração Pública um repertório de precedentes bem classificados e organizados, faz com que seja mais fácil a tomada de decisões, já que o administrador não partirá da estaca zero a cada situação que lhe for apresentada. Como bem anota Silvia Diéz Sastre, não é a mesma coisa realizar um processo de interpretação e subsunção das normas jurídicas a cada caso, e analisar as circunstâncias fáticas de um caso e enquadrá-lo em um modelo anterior.[385]

Além das vantagens relacionadas à credibilidade, qualidade das decisões administrativas e agilidade, os precedentes administrativos também podem contribuir para o combate à *corrupção*. Isto ocorre porque ao se atribuir efeito vinculante aos precedentes administrativos as decisões tomadas pelo administrador passam a ser mais relevantes, pois estas deverão se observadas em outras situações. Outros agentes públicos terão de analisá-la e considerá-la para solucionar casos similares. Assim, a decisão do administrador indecoroso que beneficia a si mesmo ou a terceiro, mediante qualquer espécie de vantagem, reverbera para outros casos, o que facilita o seu desmantelamento, pois uma coisa é ter-se interpretado

---

[384] HOURSON, Sébastien. *Quand le principe d'égalité limite l'exercice du pouvoir discrétionnaire: le précédent administratif.* Paris, Éditions Dalloz, RFDA, juillet-août 2013, p. 753.
[385] SASTRE, Silvia Diéz, *El precedente administrativo.* Madrid, Marcial Pons, 2008, p. 46.

forçosamente um dispositivo legal e utilizá-lo em apenas um caso ou em poucos casos, que podem ser maliciosamente encobertos, coisa bem distinta é tornar esta mesma interpretação obrigatória para todos os casos. Neste último caso o administrador indecoroso está muito mais propenso a ser descoberto.

6.2 OPERATIVIDADE DOS PRECEDENTES ADMINISTRATIVOS

Se pouco se escreve sobre os precedentes administrados, seja no Brasil ou no exterior, nada se fala sobre a operatividade dos precedentes administrativos. Em nossas pesquisas, não localizamos qualquer autor que tenha se debruçado acerca da maneira pela qual se localizará e se demonstrará a existência de um precedente administrativo sobre determinado assunto.

Na Espanha, país em que a relevância dos precedentes é reconhecida pela doutrina e pela jurisprudência, a prova, a identificação de um precedente administrativo é feito a partir dos julgados do Poder Judiciário. Isto ocorre porque naquele país, um dos pressupostos dos precedentes administrativos – a nosso ver equivocada pois esvazia em demasia a função dos precedentes – é a *sanção judicial*. Em outras palavras: um precedente administrativo só passa a surtir efeitos a partir do instante em que for ratificado por uma decisão judicial.[386]

Contudo, como não consideramos a "sanção judicial" como um dos pressupostos dos precedentes administrativos, não podemos buscar na jurisprudência dos Tribunais a solução para a operatividade dos precedentes administrativos.

Assim, nossas observações a seguir demandarão, certamente, reflexões futuras.

Do exposto até o momento, podemos perceber que a invocação de um precedente administrativo carece tanto do conhecimento de sua

---

[386] SASTRE, Silvia Diéz, *El precedente administrativo.* Madrid, Marcial Pons, 2008, p. 321.

existência quanto de sua *comprovação*. É dizer: para invocar um precedente administrativo tenho, primeiramente, que saber que ele existe, e também tenho que demonstrar materialmente a sua existência.

Esta situação, sem dúvida alguma, é deveras tormentosa tanto ao administrado quanto à própria Administração Pública, pois não é tarefa fácil localizar um precedente administrativo e demonstrar que ele é eficaz, porque ainda não superado (= é o último precedente sobre determinado assunto).

É indispensável, portanto, que se dê *ampla publicidade* aos precedentes administrativos, pois do contrário o seu conhecimento se dará apenas de modo *acidental*.[387]

Mas apenas a publicidade pode não ser suficiente.

A nosso ver, para que se dê operatividade efetiva aos precedentes administrativos, além da publicidade através dos meios oficiais (*v.g.* Diário Oficial), é indispensável que se crie um *banco de dados* acessível a todos pela internet, com as decisões administrativas que representam a posição da Administração Pública sobre determinado assunto (= repertório de precedentes), tal como ocorre com os precedentes judiciais (art. 927, § 5º, Código de Processo Civil de 2015). E dentre estas decisões, deve-se preferir as que provêm de órgãos hierarquicamente superiores, pois, como vimos ao tratarmos do pressuposto da identidade subjetiva, os precedentes dos órgãos hierarquicamente superiores prevalecem e vinculam aqueles formados em órgãos inferiores.

Mas como selecionar as decisões administrativas que servirão de precedentes administrativos, já que inúmeras são proferidas todos os dias? Acreditamos que a resposta pode estar no sistema da *common law*.

Ao analisarmos o sistema da *common law*, vimos que não são todas as decisões dos Tribunais que são inseridos nos livros denominados *Law Reports*,[388] mas apenas aquelas que representam o precedente sobre

---

[387] "Por regla general, o bien se invoca en precedente administrativo próprio, esto es, de una relación jurídica anterior que se tuvo con la Administratión, (...) o bien se invoca un precedente de algún conocido"; SASTRE, Silvia Díez; op. cit., p. 265.

[388] Ver item 1.3.1.

determinado assunto. Como dissemos, José Rogério Cruz e Tucci assinalou que a partir de 1897 os critérios para a seleção dos julgados a serem inseridos no *Law Reports*, passaram a ser os seguintes: *a) casos em que há o aparecimento de um novo princípio ou regra; b) casos em que haja a modificação substancial de um princípio ou regra; c) casos em que a solução judicial dirime ponto duvidoso de determinada lei; d) casos em que haja interesse instrutivo.*

Mas não basta sabermos quais as decisões que deverão ser inseridas no banco de dados ao qual nos referimos. Será preciso organizá-los de modo que a pesquisa seja facilitada e simplificada. Por isso sugerimos que as decisões administrativas, cujo conteúdo estará disponível a todos, sejam *ementadas*, ou seja, assim como ocorre com as decisões de nossos Tribunais, será preciso um breve resumo do caso, o que facilitará sobremaneira a pesquisa de precedentes sobre determinado assunto.

Por fim, cumpre-nos registrar que publicidade deste banco de dados deve ser a mais ampla possível. E no mundo atual em que vivemos, o instrumento mais poderoso de divulgação de informações, sem dúvida alguma é a *internet*. Assim, além da publicidade no diário oficial e, eventualmente, em anais destinados a este fim específico, a divulgação de precedentes administrativos na internet é extremamente relevante, mesmo porque esta é a tendência de nosso ordenamento jurídico, tal como podemos observar pela Lei de Acesso à informação (Lei n. 12.527/2011) e pelo Código de Processo Civil de 2015.

CONCLUSÕES

A partir de todas as considerações que foram apresentadas ao longo desta dissertação, podemos apresentar algumas conclusões.

1. Apesar de historicamente a origem do Direito nas famílias da *common law* e da *civil law* serem distintas, de modo que, na primeira o Direito se constrói a partir do caso concreto (método da indução) e na segunda, o Direito forma-se a partir da Lei, é possível afirmar que ambos os sistemas se complementam.

2. O sistema da *common law*, como vimos, não se estriba exclusivamente no *case law* (= direto criado a partir do Poder Judiciário), mas também na chamada *statue law* (= Lei). A diferença entre ambos é que na *common law* a Lei somente é bem compreendida e aceita após a sua aplicação pelos Tribunais. É dizer: são os precedentes judiciais que interpretarão os dispositivos legais; as leis inglesas, portanto, são envolvidas por um denso tecido uniforme chamado *common law*, que tem por incumbência mitigar a insegurança jurídica oriunda das múltiplas interpretações possíveis de determinado enunciado normativo.

3. A marca fundamental dos precedentes judiciais nas famílias da *common law* é a regra do *stare decisis et non quieta movere* (= mantenha-se a decisão e não moleste o que foi decidido). Por esta regra, as decisões anteriores, das quais se extraem as regras de direito deste sistema, devem ser observadas em casos futuros.

Deveras, o respeito aos precedentes judiciais é a pedra de toque do sistema da *common law*; é a consequência lógica da adoção deste sistema jurídico. Tudo estaria perdido se, a cada caso levado à apreciação do Poder Judiciário, houvesse decisões diferentes, pois a *common law* rumaria para um estado de intensa e perene antinomia entre suas regras, algo intolerável para um sistema que tem na segurança jurídica e na igualdade seus pilares mais destacados.

4. A regra do *stare decisis* foi abrandada ao longo do tempo. Inicialmente, na *common law* inglesa, a teoria do *stare decisis* era aplicada com rigor absoluto, ou seja, devia-se, sob pena de nulidade, observar os precedentes proferidos pelas instâncias superiores. A partir de 1966, esta regra foi abrandada, de modo a permitir que precedentes pudessem ser modificados, revogados e invalidados (= superação).

5. Além da técnica da superação, existe na *common law* a técnica das distinções (*distinguishing*), que tal como a anterior, é de suma importância para os precedentes. Por esta técnica, calcada em última análise no princípio da igualdade, um precedente pode ser afastado quando houver uma diferença importante entre o caso em análise e o seu predecessor.

6. A técnica dos precedentes judiciais pode ser utilizada nos países filiados à família romanista. O principal motivo para a utilização dos precedentes está relacionado ao fato de que a Lei nestes países nem sempre é suficiente para se garantir o tratamento isonômico em situações substancialmente similares, o que prejudica, inclusive, a previsibilidade das respostas do Estado. A margem de liberdade que se confere atualmente aos aplicadores do Direito (juízes e administradores), muito em função da técnica legislativa empregada na elaboração das leis e da ascensão normativa dos princípios jurídicos, vulnera, no plano concreto, o princípio da igualdade – por permitir a aplicação desigual do Direito em situações substancialmente semelhantes, – e o princípio da segurança jurídica – pois a aplicação desigual do Direito em casos substancialmente similares aumenta a imprevisibilidade das ações estatais.

7. A experiência demonstra que o fato de uma lei reger determinado assunto, não significa que ela será interpretada e, consequentemente, aplicada da mesma maneira, mesmo quando os fatos envolvidos possuam entre si similitude substancial. É dizer: para se descobrir a conduta a ser observada pelo cidadão, não basta o texto da lei, mas sim a maneira pela qual ela é interpretada e aplicada pelo órgão competente.

8. Diante deste cenário é que os precedentes, sejam eles judiciais ou administrativos, são relevantes também nos sistemas romanistas, pois visam a resgatar a coerência na aplicação do Direito e, por conseguinte, reestabelecer a esfera de proteção dos cidadãos contra os desmandos do Estado.

9. Em função da evolução do significado da Constituição e da mudança radical do modelo de Estado (de Liberal para Social) – o que acarretou na necessidade do Estado intervir cada vez mais na sociedade – fizeram com que o legislador, para evitar a vigência efêmera da lei, passasse a utilizar com maior frequência conceitos jurídicos indeterminados e cláusulas gerais, além de consagrar no texto de leis, princípios jurídicos.

10. Esta preservação da longevidade da vigência da lei, através de um modelo normativo aberto, flexível (= *soft law*), torna mais imprevisível a maneira pela qual determinada Lei será interpretada e aplicada, potencializando as chances de erros e contradições, o que gera um ambiente de induvidosa insegurança jurídica e de desigualdade na aplicação da Lei, a justificar ainda mais a utilização dos precedentes, pois uniformizam a interpretação e a aplicação do Direito e, por conseguinte, resgatam a segurança jurídica e a aplicação isonômica da Lei.

11. Outra razão para o crescimento do prestígio dos precedentes está relacionada com a necessidade de se solucionar com maior agilidade as demandas judiciais e administrativas (art. 5º, LXXVIII). Os precedentes são úteis para a consecução do direito duração razoável do processo, pois fixado determinado entendimento através de um precedente judicial ou administrativo, abre-se a

possibilidade de se solucionar uniforme e rapidamente todos os casos que estão sendo apreciados pelo Poder Judiciário ou pela Administração Pública.

12. Os precedentes judicias têm angariado cada vez mais espaço em nosso país. A manifestação de ministros das mais altas cortes de nosso país, a introdução de mecanismos voltados à uniformização do Direito (v.g. súmulas vinculantes e repercussão geral) e as disposições do Código de Processo Civil de 2015, revelam esta nova situação.

13. A teoria dos precedentes nasceu e se desenvolveu no exercício da função jurisdicional, mas ela também pode ser aplicada no exercício da função administrativa. Isto porque, em ambas as funções, há a interpretação e a aplicação do Direito no caso concreto. Assim, os problemas e as dificuldades identificadas na aplicação do Direito pelo Poder Judiciário também existem quando é a Administração Pública que aplica o Direito ao caso concreto.

14. A utilização cada vez mais acentuada pelo legislador de conceitos jurídicos indeterminados, cláusulas gerais e a escalada da força normativa dos princípios, fazem com que se majore a possibilidade de aplicação desigual da lei também no âmbito administrativo. Estes "poros" que tornam mais inseguros e imprevisíveis a maneira pela qual será aplicada determinada norma jurídica, por transferirem maiores poderes ao aplicador do Direito, insufla o interesse pelos precedentes administrativos, que passam a ser um valioso instrumento de proteção dos administrados frente a possíveis desvios do administrador público, cada vez mais incumbido na tarefa de densificar o conteúdo das normas jurídicas.

15. A relevância dos precedentes administrativos potencializa-se quando nos deparamos com a discricionariedade administrativa, que tem no exercício desta competência administrativa o seu maior campo de atuação.

16. É relevante a distinção entre heterovinculação e autovinculação administrativa, pois ela permite que visualizemos melhor a

maneira pela qual a Administração Pública se vincula às normas jurídicas por ela produzidas e aquelas produzidas por outros órgãos do Estado (Legislativo e Judiciário).

17. Os precedentes administrativos inserem-se na categoria autovinculação administrativa unilateral, individual e concreta.

18. Para nós, precedente administrativo é a norma jurídica extraída por indução de um ato administrativo individual e concreto, do tipo decisório, ampliativo ou restritivo da esfera jurídica dos administrados, e que vincula o comportamento da Administração Pública para todos os casos posteriores e substancialmente similares.

19. Os precedentes administrativos são normas jurídicas, pois estabelecem *algo que deve ser ou acontecer*, e a sua inobservância gera consequências jurídicas, sindicáveis, inclusive, pelo Poder Judiciário.

20. Considerando-se a pirâmide kelseniana, os precedentes administrativos estão localizados acima dos atos administrativos individuais e concretos (atos administrativos em sentido estrito), e abaixo da Constituição, leis e regulamentos.

21. A eficácia vinculante dos precedentes administrativos decorre dos princípios da igualdade, segurança jurídica, boa-fé e da eficiência, assim como da interpretação do art. 2º, parágrafo único, XIII, e do art. 50, VII, ambos da Lei de Processo Administrativo Federal.

22. Ao contrário do que se pode imaginar, não há incompatibilidade entre os precedentes administrativos e o princípio da legalidade. Deveras, os precedentes administrativos não têm o condão de inovar o ordenamento jurídico, de modo que precisam estar em consonância com a Lei. Servem os precedentes administrativos para garantir a aplicação isonômica da Lei e não para diminuir a sua relevância em nosso sistema jurídico. Aliás, uma Lei nova pode alterar ou até mesmo revogar um precedente administrativo.

23. Para que um precedente administrativo possa ser invocado e aplicado é preciso o preenchimento de alguns pressupostos:

identidade subjetiva da Administração Pública; identidade objetiva essencial entre os casos; identidade das normas jurídicas superiores incidentes; e a legalidade do ato administrativo do qual se extraí o precedente administrativo.

24. Apesar de alguns autores estrangeiros sustentarem que a reiteração é requisito necessário para a configuração de um precedente administrativo, julgamos que ela não é necessária. Isto porque permitir que até a suposta consolidação do precedente a Administração Pública possa tratar de maneira diversa situações que guardam similitudes entre si é violar grosseiramente o princípio da igualdade.

25. Os precedentes administrativos, assim como ocorre com os precedentes judiciais, não são eternos, ou seja, podem ser afastados e substituídos por outros precedentes. É o que se denomina de superação de precedentes administrativos. A superação é possível, pois os precedentes administrativos podem derivar de interpretações equivocadas de normas jurídicas, de conclusões precipitadas sobre determinados fatos, podem não ser mais compatíveis com a legislação vigente, bem como podem simplesmente deixar de ser compatíveis com os valores da sociedade em determinado momento histórico.

26. Para que seja possível a superação de um precedente administrativo é preciso uma alta carga argumentativa. É preciso demonstrar-se a superioridade das razões para a superação do precedente.

27. A eficácia da superação de um precedente administrativo é prospectiva, ou seja, atinge apenas os casos futuros. Excepcionalmente, a eficácia da superação poderá ser retroativa, desde que beneficie os administrados.

28. O mecanismo das distinções, que não se confunde com o da superação, também é aplicado aos precedentes administrativos.

29. A não observância de um precedente administrativo tem por consequência: *(i)* a invalidação do ato administrativo contrário ao precedente existente e a observância do precedente administrativo

incidente; *(ii)* responsabilização do Estado por possíveis danos (morais e patrimoniais) causados ao administrado.

30. É possível controlar-se a discricionariedade administrativa através dos precedentes administrativos. Se a lei conferiu competência discricionária ao administrador, e se esta discricionariedade se manteve após a interpretação da norma jurídica a ser aplicada, e o caso concreto realmente permita a escolha entre duas ou mais soluções igualmente válidas, a partir do momento em que o administrador escolhe a melhor solução para o caso, esta mesma solução deverá ser utilizada para casos posteriores, substancialmente similares e submetidos às mesmas normas jurídicas.

31. Os precedentes administrativos também podem ser utilizados no exercício da competência vinculada. Se toda e qualquer regra jurídica é passível de ser interpretada antes de sua aplicação, pois não vigora na hermenêutica contemporânea o brocardo *in claris cessat interpretatio*, é lícito concluir que mesmo as regras jurídicas que sejam dotadas de objetividade absoluta, podem dar ensejo a soluções díspares, pois interpretações diversas podem ser adotadas.

32. Os precedentes administrativos não se confundem com outros institutos de Direito, quais sejam: o costume, as práticas administrativas, os atos próprios e a analogia.

33. A utilização dos precedentes administrativos proporcionam as seguintes vantagens à Administração Pública: *(i)* incremento de sua credibilidade perante os administrados; *(ii)* melhoria da qualidade das decisões tomadas; *(iii)* celeridade na tomada de decisões; *(iv)* combate à corrupção.

34. A operatividade dos precedentes administrativos não é algo de fácil solução, sendo certo que o tema demandará reflexões futuras. Mesmo assim, com propósito de contribuirmos com o tema, entendemos que será preciso criar um *banco de dados*, acessível a qualquer pessoa através da internet, em que serão registrados os casos e as decisões administrativas que representam a posição da Administração Pública sobre determinado assunto.

REFERÊNCIAS BIBLIOGRÁFICAS

ABBAGNANO, Nicola. *Dicionário de Filosofia*. São Paulo, Martins Fontes, 2007.

ALEXY, Robert. *Teoria da Argumentação Jurídica* – A Teoria do Discurso Racional como Teoria da Fundamentação Jurídica. 3. ed., Rio de Janeiro, Forense, 2011.

_____. *Teoria do Direitos Fundamentais*. São Paulo, Malheiros Editores, 2012.

ALFONSO, Luciano Parejo. *Lecciones de derecho administrativo*. Valencia, Tirantto Blanch, 2007.

ALTERINI, Atilio Aníbal. *La Inseguridad Jurídica*. Buenos Aires, Abeledo-Perrot, 1993.

ALVIM, Agostinho. Comentários ao Código Civil. São Paulo, Jurídica e Universitária, v. I, 1968.

AMANDI, Rojas. *Las Fuentes del Derecho en el sistema jurídico angloamericano*. Madrid: Editorial Porrúa, 2005.

AMARAL, Antônio Carlos Cintra. *Teoria do Ato Administrativo*. Fórum, Belo Horizonte, 2008.

AMARAL, Diogo Freitas. *Curso de Direito Administrativo*. 2. ed., Coimbra, Almedina, 2012.

ANDRIEUX, Jean-Paul. *Histoire de la Jurisprudence*. Paris, Vuibert, 2012.

ARAGÃO, Alexandre Santos de. *Teoria das Autolimitações Administrativas: atos próprios, confiança legítima e contradição entre órgãos administrativos*. Revista Eletrônica de Direito Administrativo Econômico, n. 14.

_____. *Curso de Direito Administrativo*. Rio de Janeiro, Editora Forense, 2012.

ARANA MUÑOS, Rodríguez. *El Buen Gobierno y la Buena Administración de Instituciones Públicas*. Elcano: Editorial Aranzadi, 2006.

_____. (coord.). *Fuentes del Derecho Administrativo* (Tratados internacionales, contratos como regla de derecho, jurisprudência, doctrina y precedente administrativo). Buenos Aires, Ediciones RAP, 2010.

ASCENÇÃO, J. Oliveira. *Fontes do Direito no Sistema do "common law"*. São Paulo, Revista dos Tribunais, *Revista de Direito Público*, n. 35/36, 1971.

ATALIBA, Geraldo. *República e Constituição*. 2. ed., São Paulo, Malheiros Editores, 2004.

_____. *O Direito Administrativo no Sistema do Common Law*. São Paulo, Instituto de Direito Público, 1965.

ÁVILA, Humberto. *Teoria dos Princípios*. 10. ed., São Paulo, Malheiros Editores, 2009.

_____. *Segurança Jurídica*. São Paulo, Malheiros Editores, 2011.

BACIGALUPO SAGGESE. *La discrecionalidad administrativa*. Madrid, Marcial Pons, 1997.

BANDEIRA DE MELLO, Celso Antônio. *Curso de Direito Administrativo*. 32. ed., São Paulo, Malheiros Editores. 2015.

_____. *Discricionariedade e Controle Jurisdicional*. 2. ed., Malheiros Editores, São Paulo, 2003.

_____. *Conteúdo Jurídico do Princípio da Igualdade*. 9. ed., São Paulo, Malheiros Editores, 2001.

_____ (coord.). *Estudos em Homenagem a Geraldo Ataliba – Direito Tributário*. São Paulo, Malheiros Editores, 1997.

_____. *Pareceres de Direito Administrativos*. São Paulo, Malheiros Editores, 2011.

_____. *Para uma teoria do ato administrativo unilateral*. Revista de Direito Administrativo, n. 77, Belo Horizonte, Fórum, 2013.

BANDEIRA DE MELLO, Oswaldo Aranha. *Princípios Gerais de Direito Administrativo*. 3. ed., v. I, São Paulo, Malheiros Editores, 2007.

BANO LEÓN, J. M. *La igualdad como derecho público subjetivo*. Revista de Administración Pública, n. 114.

BASTOS, Celso Ribeiro. *Curso de Direito Constitucional*. 14. ed., São Paulo, Editora Saraiva, 1992.

BAUZÁ, Rolando Pantoja. *El Derecho Administrativo* – Concepto, características, sistematización, prospección. 2. ed., Santiago, Editorial Juridica de Chile, 2007.

_____. *El Derecho Administrativo*. Santiago, Editorial Juridica de Chile, 1994.

_____. *El Derecho Administrativo* – Clasicismo y Modernidad. Santiago, Editorial Juridica de Chile, 1994.

BERGEL, Jean-Louis. *Teoria Geral do Direito*. São Paulo, Martins Fontes, 2001.

BINGHAM, Tom. *The rule of Law*. Londres, Penguin Books, 2010.

BLACK, Henry Campbell. *Handbook on the law of Judicial Precedentes*: or, thescience of case law. Saint Paul, West Publishing Company, 1912.

BLANCO, Federico A. Castillo. *La Protección de Confianza en el Derecho Administrativo*. Madrid, Marcial Pons, 1998.

BOBBIO, Norberto. *Teoria do Ordenamento Jurídico*. 10. ed., Brasília, UNB, 1999.

BOULLAUDE, Gustavo (coord.). *Fuentes de Derecho Administrativo*. Buenos Aires, Lexis Nexis, 2007.

BONAVIDES, Paulo. *Curso de Direito Constitucional*. 19. ed., São Paulo, Malheiros Editores, 2006.

BOCA NEGRA SIERRA, R. *Lecciones sobre el acto administrativo*. Madrid, Civitas, 2002.

BORDA, Alejandro. *La teoría de los actos proprios*. Buenos Aires, Lexis Nexis, 2005.

BRASIL, *Constituição Federal*. Brasília, Senado Federal, 1988.

_____. Decreto n. 2.346, de 10 de outubro de 1997. Consolida normas de procedimentos a serem observadas pela Administração Pública em razão de decisões judiciais, regulamenta os dispositivos legais que menciona, e dá outras providências. Brasília, *Diário Oficial da União*, 13 out. 1997.

_____. Emenda Constitucional n. 45, de 30 de dezembro de 2004. Altera dispositivos dos arts. 5º, 36, 52, 92, 93, 95, 98, 99, 102, 103, 104, 105, 107, 109, 111, 112, 114, 115, 125, 126, 127, 128, 129, 134 e 168 da Constituição

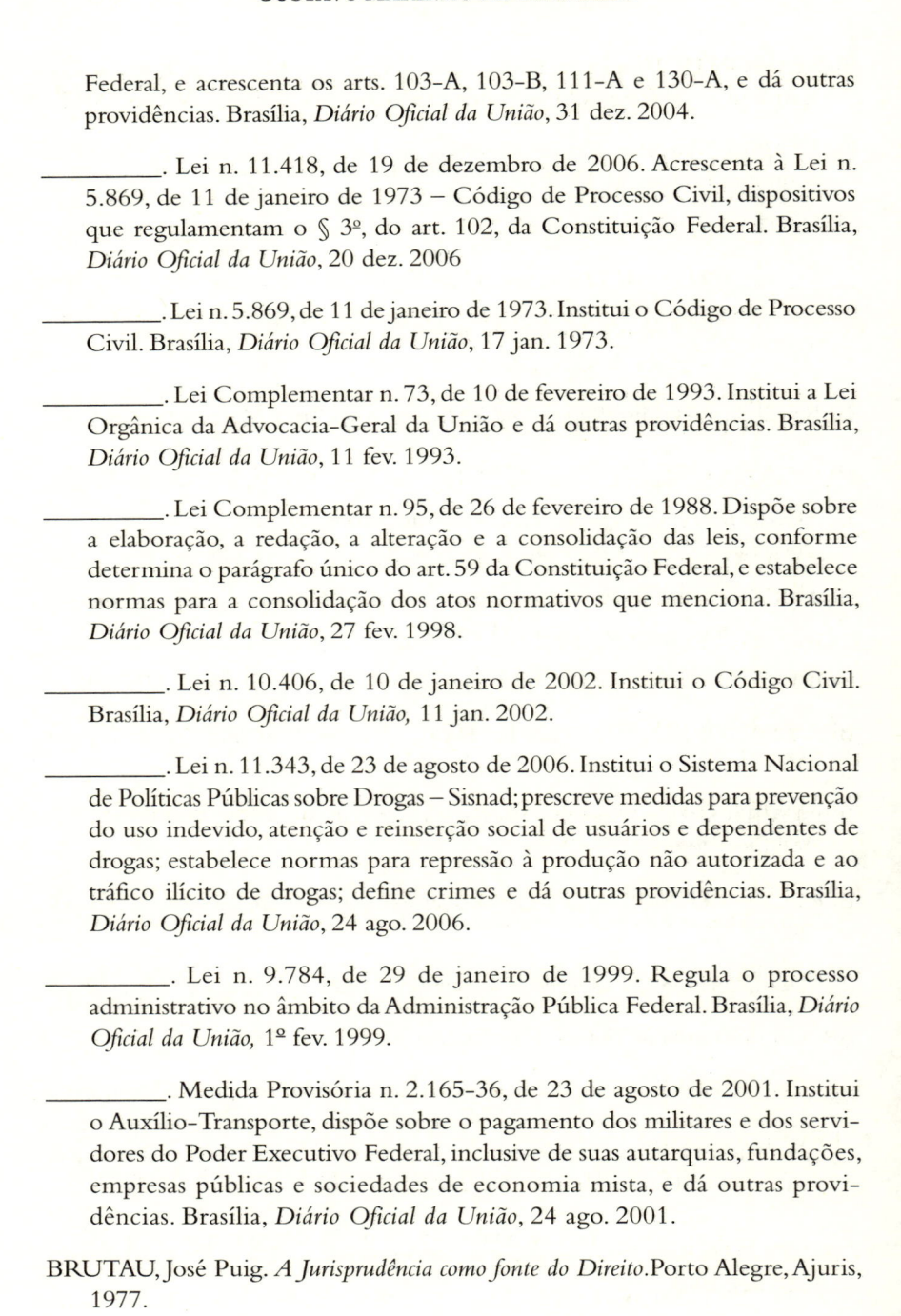

Federal, e acrescenta os arts. 103-A, 103-B, 111-A e 130-A, e dá outras providências. Brasília, *Diário Oficial da União*, 31 dez. 2004.

_____. Lei n. 11.418, de 19 de dezembro de 2006. Acrescenta à Lei n. 5.869, de 11 de janeiro de 1973 – Código de Processo Civil, dispositivos que regulamentam o § 3º, do art. 102, da Constituição Federal. Brasília, *Diário Oficial da União*, 20 dez. 2006

_____. Lei n. 5.869, de 11 de janeiro de 1973. Institui o Código de Processo Civil. Brasília, *Diário Oficial da União*, 17 jan. 1973.

_____. Lei Complementar n. 73, de 10 de fevereiro de 1993. Institui a Lei Orgânica da Advocacia-Geral da União e dá outras providências. Brasília, *Diário Oficial da União*, 11 fev. 1993.

_____. Lei Complementar n. 95, de 26 de fevereiro de 1988. Dispõe sobre a elaboração, a redação, a alteração e a consolidação das leis, conforme determina o parágrafo único do art. 59 da Constituição Federal, e estabelece normas para a consolidação dos atos normativos que menciona. Brasília, *Diário Oficial da União*, 27 fev. 1998.

_____. Lei n. 10.406, de 10 de janeiro de 2002. Institui o Código Civil. Brasília, *Diário Oficial da União,* 11 jan. 2002.

_____. Lei n. 11.343, de 23 de agosto de 2006. Institui o Sistema Nacional de Políticas Públicas sobre Drogas – Sisnad; prescreve medidas para prevenção do uso indevido, atenção e reinserção social de usuários e dependentes de drogas; estabelece normas para repressão à produção não autorizada e ao tráfico ilícito de drogas; define crimes e dá outras providências. Brasília, *Diário Oficial da União*, 24 ago. 2006.

_____. Lei n. 9.784, de 29 de janeiro de 1999. Regula o processo administrativo no âmbito da Administração Pública Federal. Brasília, *Diário Oficial da União,* 1º fev. 1999.

_____. Medida Provisória n. 2.165-36, de 23 de agosto de 2001. Institui o Auxílio-Transporte, dispõe sobre o pagamento dos militares e dos servidores do Poder Executivo Federal, inclusive de suas autarquias, fundações, empresas públicas e sociedades de economia mista, e dá outras providências. Brasília, *Diário Oficial da União*, 24 ago. 2001.

BRUTAU, José Puig. *A Jurisprudência como fonte do Direito.* Porto Alegre, Ajuris, 1977.

BUSTAMONTE. Thomas da Rosa. *Teoria do Precedente Judicial* – A Justificação e a Aplicação de Regras Jurisprudenciais. São Paulo, Editora Noeses, 2012.

CAETANO, Marcelo. *Tratado Elementar de Direito Administrativo*. Coimbra, Coimbra Editora, 1944.

_____. *Princípios Fundamentais do Direito Administrativo*. Coimbra, Almedina, 2010.

CALAMANDREI, Piero. *Eles, os juízes, vistos por um advogado*. São Paulo, Martins Fontes, 2000.

CANOTILHO, José Joaquim Gomes. *Direito Constitucional e Teoria da Constituição*. 7. ed., Coimbra, Almedina, 2003.

CARDOZO, Benjamin. *A natureza do processo judicial*. São Paulo, Martins Fontes, 2004.

CARRIÓ, Genaro R. *Notas sobre derecho y lenguage*. 4. ed., Buenos Aires, Abeledo-Perrot, 1994.

CARVALHO, Paulo de Barros. *Direito Tributário Linguagem e Método*. 3. ed., São Paulo, Editora Noeses, 2009.

CASSAGNE, Juan Carlos. *Curso de Derecho Administrativo*. Buenos Aires, La Ley, Tomo I, 2011.

CASTILLO ALVA, José Luis. *El precedente judicial y el precedente constitucional*. Madrid, Ara Editore, 2008.

CASTRO, Carlos Roberto Siqueira. *O Devido Processo Legal e os Princípios da Razoabilidade e da Proporcionalidade*. 4. ed., Rio de Janeiro, Forense, 2006.

CAZETTA, José Jesus Júnior. *Os precedentes judiciais nos Estados Unidos: apontamentos para uma comparação*. São Paulo, Editora Altlas, Revista de Direito Administrativo, n. 244, 2007.

CHURCHILL, Wiston. *História dos povos de língua inglesa*. São Paulo, Ibrasa, 1960.

CLEVES, María José Viana. *El Principio de Confianza Legítima en el Derecho Administrativo Colombiano*. Bogotá, Universidad Extrenado de Colombia, 2007.

CIRNE LIMA, Ruy. *Princípios de direito administrativo*. 7. ed., São Paulo, Malheiros Editores, 2007.

CORWIN, Edward. *A Constituição Norte-Americana e seu significado atual*. Rio de Janeiro, Jorge Zahar Editor, 1986.

COSTA, Regina Helena. *Conceitos Jurídicos indeterminados e discricionariedade administrativa*. São Paulo, Justitia, 1989.

COVIELLO, Pedro José Jorge. *La Protección de la Confianza del Administrado*. Buenos Aires, Abeledo–Perrot, 2004.

CRETELLA JÚNIOR, José. *Direito Administrativo Comparado*. São Paulo, Editora da Universidade de São Paulo, 1972.

CRUZ E TUCCI, José Roberto. *Precedente Judicial como Fonte do Direito*. São Paulo, Editora Revista dos Tribunais, 2004.

DA SILVA, Vasco Manuel Pascoal Dias Pereira. *Em busca do ato administrativo perdido*. Coimbra, Almedina, 2003.

DAVID, René. *Os Grandes Sistemas do Direito Contemporâneo*. 4. ed., São Paulo, Martins Fontes, 2002.

_____. *O Direito Inglês*. São Paulo, Martins Fontes, 2. ed., 2006.

DIDIER JÚNIOR, Fredie. *Cláusulas gerais processuais*. Revista de Processo, São Paulo, v. 35, n. 187, p. 69-83, set. 2010.

DERZI, Misabel Abreu Machado. *Modificações da Jurisprudência no Direito Tributário:* Proteção da confiança, boa-fé objetiva e irretroatividade como limitações constitucionais ao Poder Judicial de Tributar. São Paulo, Editora Noeses, 2009.

DI PIETRO, Maria Sylvia Zanella. *Direito administrativo*. 21. ed., São Paulo, Atlas, 2008.

_____. *Discricionariedade Administrativa na Constituição de 1988*. 2. ed., Atlas, São Paulo.

_____. *Do Direito Privado na Administração Pública*. São Paulo, Atlas, 1989.

DIEZ-PICAZO, LUIS. *La doctrina del precedente Administrativo*. Revista de Administración Pública, n. 98.

DINIZ, Maria Helena. *Lei de Introdução ao Código Civil Brasileiro Interpretada*. 9. ed., São Paulo, Saraiva, 2002.

_____. *As Lacunas no Direito*. São Paulo, Editora Saraiva, 8. ed., 2007.

DROMI, Roberto. *Derecho Administrativo*. Buenos Aires, Hispana Libros, 2009.

DWORKIN, Ronald. *Levando os Direitos a Sério*. São Paulo, Martins Fontes, 2007

_____. *O império do Direito*. São Paulo, Martins Fontes, 2014

DU PASQUIER, Claude. *Introduction à la théorie générale et à la philosophie du Droit*. 3. ed., Neuchatel: Delachaux&Niestle, 1948.

ENGISCH, Karl. *Introdução ao Pensamento Jurídico*. 10. ed., Lisboa, Fundação Calouste Gulbenkian, 2008.

ENTERRÍA, Eduardo Garcia de. *Justicia y seguridad jurídica en un mundo de leyes desbocadas*. Madrid, Cuadernos Civitas, 1999.

_____. *Revolución Francesa y Administración Contemporánea*. 4. ed., Madrid, Civitas, 1998.

_____. *Curso de Derecho Administrativo*. Bogotá, Editorial Temis, 2008, Tomo I, 2008.

FAGUNDES. M. SEABRA. *O Controle dos Atos Administrativos pelo Poder Judiciário*. 7. ed., Rio de Janeiro, Forense, 2006.

FERNÁNDEZ, Tomás Ramon. *De la arbitrariedad de la Administración*. Cizur Manor, Civitas, 2008.

FERRAZ JR, Tércio Sampaio. *Introdução ao Estudo do Direito*. 2. ed., São Paulo, Atlas, 1994.

FERRAZ, LUCIANO. Segurança Jurídica Positiva na Lei Federal n. 9784/99. In: NOHARA, Irene Patrícia; MORAES FILHO, Marco Antonio Praxedes. *Processo Administrativo:* Temas Polêmicos da Lei n. 9.784/99. São Paulo, Editora Atlas, 2011.

FERRAZ, CARRAZZA, NERY. *Efeito ex nunc e as decisões do STJ*. Barueri, Manole, 2008.

FERREIRA DA ROCHA, Sílvio Luís. *Manual de Direito Administrativo*. São Paulo, Malheiros Editores, 2013.

FIGUEIREDO, Lúcia Valle. *Curso de direito administrativo*. 8. ed., São Paulo, Malheiros Editores, 2006.

FILHO, Theophilo Cavalcanti. *O Problema da Segurança no Direito*. São Paulo, Revista dos Tribunais, 1964.

FIORINI, Bartolome A. *La Discrecionalidad en la Administracion Publica*. Buenos Aires, Editorial Alfa, 1948.

FIORE, Pascuale. *Interpretación de las Leys*. Madrid, Editorial Reus, 1927.

FLORES-VALDÉS, Joaquín Arce. *Los princípios generales del Derecho y su formulación constitucional*. Madrid, Civitas, 1990.

FRAGOLA, Umberto. *Gliattiammninistrativi*. Turim, Unione Tipográfico-EditriceTorinese, 1952.

FREITAS, Juarez. *Respeito aos precedentes judiciais iterativos pela Administração Pública*. Revista Trimestral de Direito Público, n. 17.

_____. *Discricionariedade Administrativa e o Direito Fundamental à Boa Administração Pública*. São Paulo, Malheiros Editores, 2007.

FREIRE, André Luís. *Manutenção e Retirada dos Contratos Administrativos*. São Paulo, Malheiros Editores, 2008.

FREIRE JÚNIOR, Américo Bedê. *A separação dos poderes (funções) nos dias atuais*. RDA n. 238, 2004.

FROMONT, Michel. *Droit administratif des États européens*. Paris, Thémis, 2006.

GAMBOA, Jaime Orlando Santofimio. *La fuerza de los precedentes administrativos en el sistema jurídico del Derecho positivo colombiano*. Bogotá: Digiprint Editores, 2010.

GARCÍA DE ENTERRÍA, Eduardo; FERNÁNDEZ, Tomás-Ramón. *Curso de derecho administrativo*. 13. ed., Navarra, Thomson Civitas, 2006. v. I e II.

GARCÍA DE ENTERRÍA, Eduardo. *Revolución Francesa y Administración Contemporánea*. 4. ed., Madrid: Civitas, 1994.

GARCÍA, Juan Carlos Cabanas. *El Derecho a la Igualdad en la aplicación judicial de la ley*. Madrid, Editorial Aranzadi, 2010.

GARCÍA, Álvarez. *Sobre el principio de legalidad*, Madrid, Editorial Tirant lo Blanch, 2010.

GAZIER, François. *A Justiça Administrativa na França*. Rio de Janeiro, Fundação Getúlio Vargas, 1954.

_____. *O Conselho de Estado Francês*. Rio de Janeiro, Fundação Getúlio Vargas, 1955.

GHIRARDI, Olsen A. *Common Law & Civil Law*. Cordoba, Advocatus, 2007.

GILISSEN, John. *Introdução Histórica ao Direito*. Lisboa, Fundação Calouste Gulbenkian, 2003.

GONZÁLES PÉREZ, Jesus. *El principio general de la buena fe en el derecho administrativo*. Madrid, Civitas, 1999.

GORDILLO, Agustín. *Tratado de Derecho Administrativo*. Buenos Aires, FDA, 2003. Tomos I e III.

_____ *Introdução al Derecho Administrativo*. 2. ed., Buenos Aires, Abeledo-Perrot, 1966.

GUASTINI, Riccardo. *Das Fontes às Normas*. São Paulo, Editora Quartier Latin Brasil, 2005.

HERNÁNDEZ, Gabriel Valbuena. *La Defraudación de la Confianza Legítima*. Bogotá, Universidad Extremado de Colombia, 2008.

HOURSON, Sébastien. *Quand le principe d'égalité limite l'exercice du pouvoir discrétionnaire: le précédent administratif*. Paris, Éditions Dalloz, RFDA, juillet-août 2013.

KELSEN, Hans. *Teoria Geral do Direito e do Estado*. 4. ed., São Paulo, Martins Fontes, 2005.

_____. *Teoria Pura do Direito*. 5. ed., São Paulo, Martins Fontes, 1996.

KLOSS, Eduardo Soto. *Acerca de la Obligatoriedad de los Precedentes en la Actividad Administrativa del Estado*. Revista Chilena de Derecho, v. 26, n. 2, 1999.

LARENZ, Karl. *Metodologia da Ciência do Direito*. 6. ed., Lisboa, Fundação Calouste Gulbenkian, 2012.

LAURA MONTI. Julio Rodolfo Comadira. *Procedimientos Administrativos*. Buenos Aires, La Ley, tomo I, 2002.

LEONEL, Ricardo de Barros. *Reclamação Constitucional*. São Paulo, Revista dos Tribunais, 2012.

LEONOR, Moral Soriano. *El Precedente Judicial*. Madrid, Marcial Pons, 2002.

LIMA LOPES, José Reinaldo. *O Direito na História*. São Paulo, Editora Max Limonad, 2000.

LIMA, Tiago Asfor Rocha Lima. *Precedentes Judiciais Civis no Brasil*. São Paulo, Editora Saraiva, 2013.

LINARES, Francisco Juan. *Caso administrativo no previsto*. Buenos Aires, Astrea, 1976.

LOSANO, Mario G. *Os Grandes Sistemas Jurídicos – Introdução aos sistemas jurídicos europeus e extra-europeus*. São Paulo, Martins Fontes, 2007.

MANRIQUE, Ricardo García. *El valor de la Seguridad Jurídica*. Madrid, Iustel, 2012.

MARIAL, Hector. *La doctrina de los proprios actos y la Administración Pública*. Buenos Aires, Depalma, 1988.

MARTINS, Ricardo Marcondes. *Efeitos dos vícios do ato administrativo*. São Paulo, Malheiros Editores, 2008.

_____. *A Estrutura Normativa dos Princípios*. São Paulo, Malheiros Editores, Revista Trimestral de Direito Público, n. 40, 2002.

MÁRQUEZ, Piedad García-Escudero. *Técnica Legislativa y Seguridad Jurídica*: Hacia El control constitucional de la calidad de las leyes? Cizur Menor: Civitas, 2010.

MARINONI, Luiz Guilherme. *Precedentes Obrigatórios*. São Paulo, Editora Revista dos Tribunais, 2010.

_____. *O STJ Enquanto Corte de Precedentes*. 2. ed., São Paulo, Editora Revista dos Tribunais, 2014.

MARTÍNEZ, Augusto Durán. *Casos de Derecho Administrativo*. Montevideo, 2010.

_____ et al. *Los Princípios en el Derecho Administrativo Uruguayo*. Montevideo, Editorial Amalio Fernandez, 2009.

MAURER, Hartmut. *Direito Administrativo Geral*. Barueri, Manole, 2006.

MAXIMILIANO, Carlos. *Hermenêutica e aplicação do direito*. 19. ed., Rio de Janeiro, Freitas Bastos, 2003.

MEDAUAR, Odete. *Direito Administrativo Moderno*. 16. ed., São Paulo, Revista dos Tribunais, 2012.

MEIRELLES, Hely Lopes. *Direito administrativo brasileiro.* 33. ed., São Paulo, Malheiros Editores, 2007.

MELLO, Patrícia Perrone Campos Mello. *Precedentes* – O Desenvolvimento Judicial do Direito no Constitucionalismo Contemporâneo. Rio de Janeiro, Renovar, 2008.

MELO, Claudio Ari. *Improbidade Administrativa – Considerações sobre a Lei 8.429/92.* Cadernos de Direito Constitucional e Ciência Política. São Paulo, Revista dos Tribunais, v. 11, 1995.

MERKEL, Adolfo. *Teoria General del Derecho Administrativo.* Granada, Editorial Comares, 2004.

MODESTO, Paulo. *Autovinculação da Administração Pública.* Revista Eletrônica de Direito do Estado, n. 24.

MONROY, José de Jesús López. *Sistema Jurídico del Common Law.* Cidade do México, Editorial Porrúa, 1999.

MONTESQUIEU, Charles de Secondat. *O Espírito das Leis.* São Paulo, Martins Fontes, 2005.

MOREIRA NETO, Diogo de Figueiredo. *Curso de Direito Administrativo.* Rio de Janeiro, Editora Forense, 16. ed., 2014.

MUÑOZ, Guillermo (Coord.). Problemática de la Administración Contemporánea. Buenos Aires, Ad-Hoc, 1997.

MUNHOZ DE MELLO, Rafael. *Princípios Constitucionais de Direito Administrativo Sancionador.* São Paulo, Malheiros Editores, 2007.

MUSETTI, Dinorá Adelaide Grotti. Devido processo legal e o procedimento administrativo. *Cadernos de Direito Constitucional e Ciência Política*, São Paulo, Editora Revista dos Tribunais, n. 22.

NOGUEIRA, Gustavo Santana. *Stare Decisis et Non Quieta Movere:* A vinculação aos precedentes no Direito Comparado e Brasileiro. Rio de Janeiro, Lumen Juris, 2011.

NUNES JÚNIOR, Vidal Serrano; ARAÚJO, Luiz Alberto David. *Curso de direito constitucional.* 5. ed., São Paulo, Saraiva, 2001.

OTERO, Paulo. *Legalidade e Administração Pública* – O sentido da Vinculação Administrativa à Juridicidade. Coimbra, Almedina, 2007.

ORTEGA, Ricardo Rivero. *Derecho Administrativo económico*. 5. ed., Madrid, Marcial Pons, 2009.

ORTIZ DÍAS, José. El Precedente Administrativo. *Revista de Administración Pública*, n. 24.

PETIAN, Angélica. *Regime Jurídico dos Processos Administrativos Ampliativos e Restritivos de Direito*. São Paulo, Malheiros Editores, 2011.

PÉREZ, Jesús González. *El Principio General de la Buena Fe en el Derecho Administrativo*. 5. ed., Madrid, Civitas, 2009.

_____. *Sistema Jurídico de las Administraciones Públicas*. Madrid, Civitas, 2009.

PEZZUTI, Miguel (coordenador). *Seguridad Jurídica y Derecho Administrativo*. Montevideo: Fundación de Cultura Universitária, 2011.

PIEROTH, Bodo; SCHLINK, Bernhard. *Direitos Fundamentais*. São Paulo, Saraiva, 2012.

PIRES, Luis Manuel Fonseca. *Controle Judicial da Discricionariedade* – Dos Conceitos Jurídicos Indeterminados à Políticas Públicas. Rio de Janeiro, Elsevier, 2009.

_____; ZOCKUN, Maurício (coord.). *Intervenções do Estado*. São Paulo, Quartier Latin, 2008.

POUND, Roscoe. *Justiça Conforme a Lei*. São Paulo, Ibrasa, 1976.

_____. *Liberdade e garantias constitucionais*. São Paulo, Ibrasa, 1976.

PROTO, Rodrigo Céspedes. *La Fuerza Vinculante de la Jurisprudência Administrativa*. Revista Chilena de Derecho, v. 28, n. 1, 2001.

PRAT, Julio. *De la Desviacion de Poder*. Montevideo, Faculdad de Derecho de Montevideo, 1957.

RADBRUCH, Gustav. *O Espírito do Direito Ingles e a Jurusprudência Anglo-Americana*. Rio de Janeiro, Lumen Juris, 2010.

RAMIRES, Maurício. *Crítica à aplicação de Precedentes no Direito Brasileiro*. Porto Alegre, Livraria do Advogado, 2010.

REALE, Miguel. *Lições Preliminares de Direito*. 25. ed., São Paulo, Saraiva, 2000.

RIGAUX, François. *A Lei dos Juízes*. São Paulo, Martins Fontes, 2003.

ROCHA. Sílvio Luís Ferreira. *Manual de Direito Administrativo*. São Paulo, Malheiros Editores, 2013.

ROSA DE BUSTAMANTE, Thomas. *Teoria do Precedente Judicial* – A Justificação e a Aplicação de Regras Jurisprudenciais. São Paulo, Editora Noeses, 2012.

ROSS, Alf. *Direito e Justiça*. São Paulo, Edipro, 2003.

ROUSSEAU, Jean-Jacques. *O Contrato Social*. São Paulo, Martins Fontes, 2001.

SASTRE, Silvia Díez. *El precedente administrativo*: Fundamentos y eficacia vinculante. Madrid, Marcial Pons, 2008.

_____. *Leciones y Materiales para el Estudio del Derecho Administrativo*. Madrid, Iustel, 2009.

SCARMAN, Lorde Leslie. *O Direito Inglês* – A nova dimensão. Porto Alegre: Sergio Antonio Fabris Editor, 1978.

SESIN, Domingo Juan. *Administración Pública. Actividad Reglada, Discrecional y Técnica*. Buenos Aires, LexisNexis, 2004.

SICHES, Luis Recasens. *Introducción al Estudio del Derecho*. México, Editoral Porrúa, 2006.

SOARES, Marcos José Porto. *A "ratio decidendi" dos precedentes judiciais*. Revista Brasileira de Direito Processual – RBDPro, Belo Horizonte, ano 22, n. 85, p. 3973, jan./mar. 2014.

SORIANO, Leonor Moral. *El Precedente Judicial*. Madrid, Marcial Pons, 2002.

SUNDFELD, Carlos Ari. *Fundamentos de Direito Público*. 4. ed., Malheiros Editores, São Paulo, 2001.

_____. *Interpretações administrativos aderem à Lei?* Revista de Direito Administrativo, Belo Horizonte, Forum, n. 260, 2012.

_____. *A importância do procedimento administrativo*. Revista de Direito Público – RDP. São Paulo, Revista dos Tribunais, n. 84.

STASSINOPOULOS, Michael. *Traite des act et administratifs*. Paris, Librairie Generale de Droit et de Jurisprudence, 1973.

TÁCITO, Caio. Temas de Direito Público. Rio de Janeiro, Renovar, v. I, 1997.

TARANTO, Caio Márcio Gutterres. *Precedente Judicial* – Autoridade e Aplicação na Jurisdição Constitucional. Rio de Janeiro, Forense, 2010.

TAWIL, Guido Santiago. *Estudios de derecho administrativo*. Buenos Aires, Abeledo Perrot, 2012.

TORRES, Heleno Taveira. *Direito Constitucional Tributário e Segurança Jurídica*. 2. ed., São Paulo, Revista dos Tribunais, 2012.

VALIM, Rafael. O Princípio da Segurança Jurídica no Direito Administrativo Brasileiro. Malheiros Editores, São Paulo, 2010.

VILANOVA, Lourival. *As Estruturas Lógicas e o Sistema de Direito Positivo*. 4. ed., São Paulo, Editora Noeses, 2010.

WAMBIER, Teresa Arruda Alvim (Coord.). *Direito Jurisdicional*. São Paulo, Revista dos Tribunais, 2012.

_____. *Estabilidade e adaptabilidade como objetivos do direito: civil law e "common law"*. São Paulo, Revista dos Tribunais, Revista de Processo, n. 172, 2009.

XIOL RÍOS, Juan Antonio. *El precedente judicial y otros estudios sobre el proceso administrativo*. Madrid, Marcial Pons, 2005.

ZANCANER, Weida. *Da Convalidação e da Invalidação dos Atos Administrativos*. 3. ed., São Paulo, Malheiros Editores, 2008.

ZANETI JR., HERMES. *O valor vinculante dos precedentes*. Salvador, Editora JusPodivm, 2015.

ZOCKUN, Maurício. *Responsabilidade Patrimonial do Estado*. São Paulo, Malheiros Editores, 2010.